彩圖易讀版

世界 文化史年表

THE HISTORY OF WORLD CULTURE

漢宇歷史編輯部◎編

鍾翟◎繪

目錄

二、中古史（五至十五世紀）　067

目錄

三、近世史（十五至十九世紀） 099

四、近代史（十九世紀） 137

五、現代史 159

閱讀說明

本書以年表為主，文章及圖片為輔，讀者可以藉由有趣的故事及輕鬆不嚴肅的插畫，自然而然記住各個年代及發生的事件。

下圖為正文開始前的閱讀說明，讓讀者瞭解本書的安排，使閱讀時更加流暢！

4 年表中的地區，是對照現今的地名或區域，讓讀者對於事件發生的地理位置更為清楚、有概念。

1 有些年表標註為不同顏色，是因為其事件有與下方大事欄配對，翻至標記的頁數就可以詳細的閱讀此大事發生的經過。

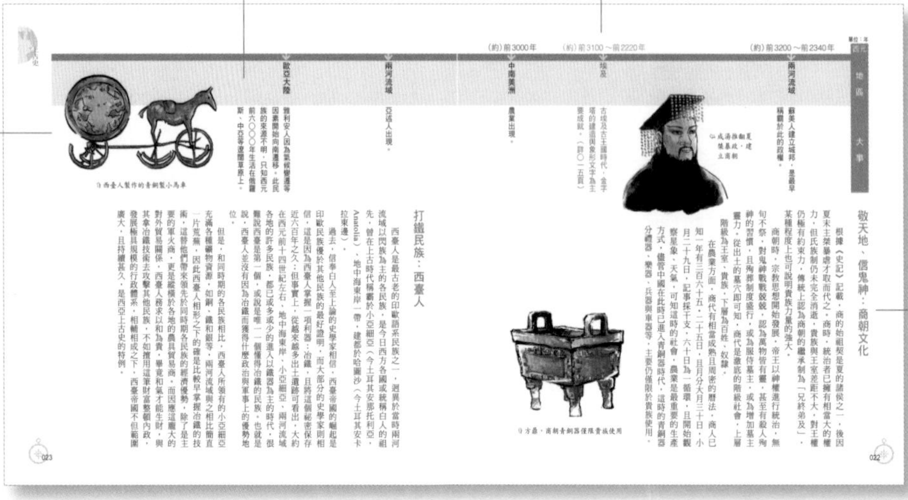

3 全書隨機分布諸多插畫，讓歷史增加一點活潑的趣味。

2 大事欄中以較為輕鬆的口吻，詳細記述事件的前因後果。

上古史

上古時期各文明蓬勃發展，包括西亞、中國、埃及、印度的大河文明。中國在新石器時代進入畜牧與農業生活，文化方面開始有進展，在這段時期，中國北方主要文明是仰韶文化和龍山文化，南方則以河姆渡文化為主。西亞以今伊拉克境內幼發拉底河和底格里斯河為主的「兩河流域」，已有統治者、行政官員、祭司及農民等階級之分。印度河谷「摩亨佐．達羅」文明出現高度發展的城市。古埃及文明以金字塔方式層層劃分社會結構。

約西元前三一〇〇年，古埃及進入古王國時代，金字塔的建造與象形文字的出現為最主要成就；約西元前二五〇〇年，有系統的「楔形文字」出現，為兩河流域蘇美人的重大成就之一；西元前二一〇〇年中國大禹創立夏朝，是中國歷史上第一個確切存在的王朝；約西元前一七七二年巴比倫國王頒布《漢摩拉比法典》，是現在所發現最早的成文法條。

西元前三三六年，馬其頓亞歷山大建立幅員遼闊的廣大帝國，統稱「希臘化世界」；西元前三三二年，印度孔雀王朝建立；西元前二二一年秦王政統一中國，建立秦朝。

在西元四七六年，日耳曼部族西哥德人滅亡西羅馬帝國，代表歐洲進入中古時代。

單位：年

西元	地區	大事
40萬年前		直立人已會用火。
前35000至前12000年之間		冰河時期，人類大遷移。
前30000至前12000年之間		各地開始出現洞穴壁畫。

華夏文明的誕生：新石器時代

中國在新石器時代進入畜牧與農業生活，將人與自然的關係，從依附者轉變為掠奪者，甚至是製造者。衣食無虞之後，人類才開始稱得上有文化方面的進展。因此，中國文化史要從新石器時代開始說起。

在這段時期，中國北方的主要文明是仰韶文化和龍山文化。仰韶文化的各種盛水器具、煮食器具等日用品，皆以泥紅陶及夾砂紅褐陶為主，呈橙紅色、棕紅色，外觀常可見幾何型深紅或黑色彩繪圖案，故也稱為彩陶文化。龍山文化分布範圍廣至黃河中下游，已出現私有財產，也有階級制劃分；陪葬品多在男性墓中發現，似乎顯示該時期已進入父權社會；並可從陪葬品中看出當時已有巫術、占卜等宗教行為，也有葬儀、祭祀祖先的習慣。龍山文化又有黑陶文化之稱，因其出現光亮的黑陶製品，且除石器外有很多精美玉器，可知此時的陶器不再只是盛裝器皿，而開始視為藝術品。

同時期中國南方的新石器文化，則以河姆渡文化為主，其特別之處是已有稻穀遺存，為世界最早的栽種米稻紀錄；且當地多採干欄式建築，以適應多雨潮溼的氣候。

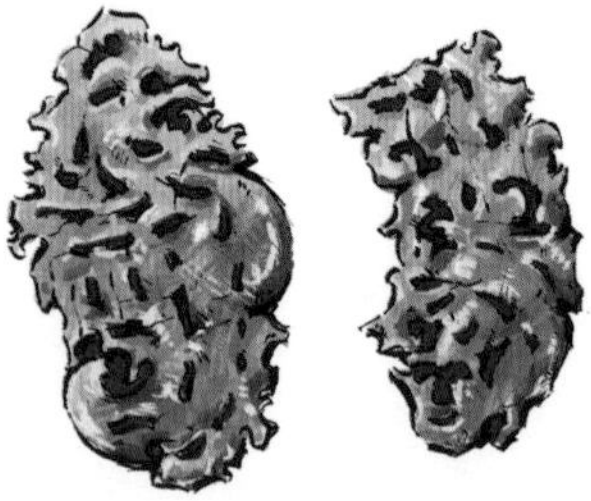

⇧龍山文化的透雕龍形與鳳形玉佩

⇧彩陶文化的彩陶魚紋盆

舊石器時代。

蘇美人首創楔形文字

蘇美人在泥版刻上圖像和符號作為記錄

蘇美文明：輪子、曆法與楔形文字

上古時代定居於兩河流域的蘇美人，擅長以泥巴型塑生活工具，且已開始使用車輛運輸，也就是說，「輪子」這個劃時代的發明也是出自他們之手。

除了車輛以外，蘇美人另一個重要的發明是「陰曆」，兩河流域不像埃及尼羅河，有固定的氾濫灌溉時期，定居於此的蘇美人經常要面臨河水不定期氾濫、糧食缺乏連帶所引發的饑荒問題，為了能確保耕種時間，有必要建立一套讓農人知道何時可播種的循環體制，因此蘇美人學會觀察月亮盈缺，以此提出一套相應的曆法，從一個上弦月到下個上弦月需要二十九天半，而十二個二十九天半，就是整個農作從耕種到收成所需的時間，相當於今日我們所知的「月」和「年」，但月亮運行和太陽運行有時間差，對此蘇美人以「閏月」方式處理，大致可和現行曆法相通，而這套曆法也影響到後世的猶太曆和伊斯蘭曆。

大約在西元前三五〇〇年左右，蘇美人開始在石頭或印壓的石板上以圖像簡單記事，可視為最粗淺、以畫物為主的象形文字，之後漸漸形成純粹的符號，推估歷時五百年左右。符號既然不只是代表特定物品，在使用上就更顯靈活，各種符號能組合成眾多音詞，這就是表音文字的出現；蘇美人習慣以蘆葦所製的三角形筆尖刻畫在溼泥板上，後人以其形狀稱為「楔形文字」，統計約有五百個文字符號，和現在通用的表音文字相比困難許多，但直到西元前五〇〇年左右，此為西亞一帶主要流通的文字，影響所及，凡需要和兩河流域的各民族有貿易、通商往來，都得學習、使用。

單位：年

西元	(約)前6000年	(約)前5000～前2000年
地區	中國	中國
大事	人類進入以農業生產為主的生活方式。中國黃河流域始種植小麥；長江流域開始栽種稻米。	中國進入以「磨製石器」為主的新石器時代，以今黃河中上游的仰韶文化為代表，開始以陶製成各種生活器具。（詳〇一二頁）

印度河谷文明

似乎從上古時代開始，印度人就是個沉溺於思考人生奧義的民族。因為出土的印度河谷文明範圍大於任何已知的文明，包括兩河流域和埃及，但這個文明沒有武器，也不見任何戰爭場面。

河谷文明以摩亨佐．達羅及哈拉帕（Harappa）為代表，據估計兩個城市各有三萬五千人以上，居住的房子已能顯示階級與不同的社會地位，有明顯的貧富之別，為國家雛形。兩座城市都是城堡式，有三層樓的堅固房屋，附有下水管道的浴室，主要街道下面還有鋪設汙水管，且每個街區尾端都設有公廁，公共浴池大小近八十四平方公尺，旁邊的大型建築功用不明，有些學者甚至認為是「大學」。哈帕拉具有巨大穀倉，而摩亨佐．達羅設施的進步，要到西元前後的羅馬帝國才能與之相比。

但它們沒有陵寢，也沒有宮殿，似乎沒有統治者，也沒有中央集權組織、宗教，只出土許多石印章，包括方形和長方形，大小多為二．五公分，目前已發現二千多件，上方刻有各種動物和山川流水，反映古印度人對自然界的理解崇拜，並有約二百七十個象形文字，是後人探究這個文明的唯一書寫證據，只是至今仍無法解讀。

就連消失原因目前仍然不明，有可能是一連串的洪水和地震，加上外來民族即雅利安人的逐漸占領，但戰爭非當時藝術品的主題，連入侵都不見反抗，甚至可說是毫不在乎，似乎一直生活在和平之中。

⇧摩亨佐．達羅是印度河谷文明的兩大城市之一，遺址包含若干幢公共建築物

人面獅身像為法老守門

由左至右分別是戎裝的法老、著正式服裝的法老，及兩位埃及勇士

古埃及文明：金字塔式的社會

金字塔可以說是最能代表古埃及文明的象徵，不只是因為建築規模宏偉、建造方式神祕讓後人費解；更因為呈三角錐形狀的金字塔，巧合地與古埃及層層劃分的社會結構相符。最上層為統治者「法老」，古埃及人相信，法老是天神的化身，代表宇宙中心與秩序，法老過世後即是陰間之神，人間則由下一個天神化身，即法老之子統治，如此生生不息，才能確保萬事萬物的秩序與繁榮；須徵工多人、耗費多年才得以興建的金字塔既是法老陵墓，也是國力強盛與統治者地位穩固的最好證明。

古埃及社會第二高的階級為負責各類祭典的神職人員「祭司」，由於古埃及為多神信仰，至新王國時代，祭司人數之多，甚至已經有和法老相抗衡的力量。而協助法老統治的是以宰相為首、包含工匠的官僚體系，舉凡服務王室、丈量土地、修建灌溉系統都是他們的工作；社會最底層即是農民，他們負責生產整個國家所需要的糧食與財富，也是修建金字塔時的勞力來源，更是國家對外作戰的主要軍力。

古埃及農業生產穩定、富足，社會階級分明，且少有外敵入侵，因此，整個社會充滿詳和與安定的氣息，藝術作品也多圍繞著「永恆」這個主題，在他們的觀念裡，死亡是現世的延續，因此墓室裡的所有布置都一如生前，食衣住行樣樣不缺，且有大量壁畫，以提醒亡者生前的生活；無形中替後人留下許多珍貴史料，儘管之後融入波斯與希臘化文化，但和同時期的西亞文化相比，後人對古埃及的文明輪廓仍鮮明許多。

法老以金棺木作為死後靈魂寄託之處

單位：年

西元	(約)前4300年	(約)前4000～前2500年
地區	兩河流域	歐亞大陸
大事	以今伊拉克境內幼發拉底河和底格里斯河為主的「兩河流域」文明出現，音譯即為「美索不達米亞」。這時至少有五座城市，居民已有統治者、行政官員、祭司及農民等階級之分，並有公共建設與私人住宅的區別，甚至出現大型市集。	大河文明漸次出現「城市」。

中國的傳說時代：三皇五帝

文字發明以前的歷史，因無法確認時間與真偽，因此統稱為傳說時代。中國的傳說時代始於盤古開天闢地，之後進入懂得使用火、漁獵及農耕的三皇，分別是鑽木取火的燧人氏、結繩漁獵的伏羲式和嘗百草，教人農耕的神農氏。

神農氏即為炎帝，衰微後其弟黃帝興起，擊敗與之抗衡的諸侯蚩尤，因此中國人自稱「炎黃子孫」。黃帝與其子顓頊、嚳及行禪讓政治的堯舜，《史記》稱為「五帝」，但據後世史家考證，五帝時代其實就是部族政治，所謂「禪讓」，指的就是各部落互推共主。後舜將國家交給治水有功的禹，禹再傳位予啟，即代表中國脫離推選共主的傳說時代，進入家天下，也就是從部落發展到國家意識形成的過程。儘管仍有學者懷疑夏朝的存在，但一般還是認為夏朝是中國第一個確切存在的朝代。而這個論點，隨著二里頭文化的出土更得到進一步的證實。

⇧夏啟像

⇧二里頭原址復原圖

(約)前3600
英國
不列顛島出現巨石陣。

(約)前3500～前2500年
兩河流域、埃及
兩河流域和埃及開始出現灌溉及大規模農作的生活方式。

(約)前3300
兩河流域
蘇美人的「烏魯克城」可能有四萬人口，方圓二平方公里。

(約)前3200～前2700年
印度
摩亨佐·達羅文明出現，有穀倉、浴室等公共設施，足證在雅利安人南下印度半島前，印度已有高度發展的城市文明。（詳〇一四頁）

二里頭文化分布在山西、河南一帶，與《詩經》、《尚書》所載的夏朝活動範圍、時間皆相符。這個文化已具備初期特徵，且有宮殿遺址，說明國家制度的起源；再對照出土遺址中龐大的宗廟建築，可推估當時的夏朝已出現社會組織力，且有可統御人民的王權，是成熟且強大的政權。

⇧相傳大禹為了治水，三過家門而不入

希臘神話

希臘是西方文化的源頭；而神話，就是希臘文化的源頭。幾千年以來，希臘神話可說是主宰西方世界眾多藝術品的靈感來源，和《聖經》並列為最常出現的兩大主題。

居住在奧林匹克山巔上的眾神，以宙斯為首，其扮演父親的角色，照顧、保護諸神與人民，但他同時是個四處留情的花花公子，歐洲的由來歐羅巴女神，就是宙斯曾追求的對象；天后希拉是宙斯之妻，以母親的角色看護大地生命與女性，但也常被嫉妒沖昏頭而做出不恰當的事。另外還有海神波塞頓、冥神黑帝斯、代表智慧的雅典娜、以美麗著稱的維納斯、維納斯之子——愛神丘比特、象徵男性特質與優點的太陽神阿波羅，及與之相對的妹妹，則是代表女性婉約美的月神阿芙羅黛蒂等約三萬多名神祇。在希臘人眼中，神無所不在，上至自然現象，下至地理環境、花草樹木，及天堂、冥界與人間，且這些神祇無所不能，祂們擁有超越自然的力量，但也有人性的所有弱點，這個特性讓人與神的交流特別容易、頻繁，因此所產生的各種神話故事也容易引人共鳴。

希臘跟神有關的節日與祭典不勝枚舉，光是雅典一年就有三十多個。各個城邦中，最主要的建築就是神殿，運動會是為祭神而生，最重要的休閒活動「戲劇」的起源也和祭神脫不了關係；開戰前要先爭取神的支持，休戰後要感謝神，在生活中碰到的任何疑問都可以問神，國家大事當然也要先請示神諭。可以說，希臘人的一切生活作息，都圍繞在與神相關的活動上。

著名的雅典帕德嫩神殿

希臘神話中代表女性溫柔婉約之美的月神阿芙羅黛蒂

希臘神話中的眾神之王宙斯

英雄史詩：《吉爾伽美什》

改編自真實國王吉爾伽美什的事績，這部以楔形文字刻在泥板上的兩河流域上古文學鉅作，是世界上第一本英雄史詩，與《漢摩拉比法典》齊名，為巴比倫兩大文明成就之一。

吉爾伽美什是西元前二〇〇〇年左右的蘇美國王，蘇美人不斷傳唱他的輝煌事蹟與英雄行為，日久，幾無真實成分，並流傳至當時所有兩河流域的各民族間，以各種方言講述。西元前一九〇〇年左右，在巴比倫人的手上，成為一部具故事性、系統性的文學作品；故這部史詩可視為自蘇美文明過渡至巴比倫文明的綜合成就與珍貴史料。《吉爾伽美什》的結構嚴謹，詩句完整，描述英雄在面對無盡的折磨、苦難，與無可避免的死亡時，仍能不斷發揮人性光明面來應對。換句話說，詩的主角是世俗的人，跳脫鬼神傳說與宗教布道，考量到其出現的時代之早，實屬難得。

故事最後，吉爾伽美什體悟到人生不可能長生不老、永無止境，因此更應該即時享樂，但不是悲觀的醉生夢死之意，而是告誡世人要懂得珍惜身邊所擁有的一切人事物，善待你所愛的人，努力讓每天都活得快樂、精采與充實，如詩中所言：沐髮浴身穿上乾淨的衣服吧／凝望你的孩子並握著他的手／悅愉懷中的妻子／人所應該關心的，唯有這些事啊！

中國文字的發展

中國文字的三大原則：單音、獨體、結構方式，數千年來幾無變化，是目前世界主流文字中少見的非拼音文字，儘管這增加了外語學習者的因難，卻也讓中國經典不論距今多久，都可供後人直接研究與查閱。

根據傳說，中文由黃帝史官倉頡所造，其真實性不得而知。但可以肯定的是，至少商代使用的甲骨文圖畫意味已淡，故可說是「寫」上去，而不再是繪畫作品。甲骨文是王室占卜紀錄，多刻在龜甲和獸骨上，目前出土近五千個單字中可辨識一千五百字上下，且已可看出六書造字的邏輯。周代，刻在銅器上的文字稱為「金文」或「鐘鼎文」，與甲骨文一脈相承，仍保有書體方向不拘、筆畫未定的特色。至周代晚期戰國時代，秦國使用大篆，其他國家則多用有「蝌蚪文」別稱的古文；始皇統一中國後，因大篆結構繁重、複雜，而命李斯改為小篆以供全國統一使用。漢時，隸書興起，筆畫簡略、易曲為直、改圓為方，完全脫離圖畫系統。

至此，中國文字發展到定型階段，之後的草書、楷書、行書都從此演變而成，結構上則再無變動。

甲骨文多刻在龜甲和獸骨上

單位：年

西元	(約)前3200～前2340年	(約)前3100～前2220年	(約)前3000年
地區	兩河流域	埃及	中南美洲
大事	蘇美人建立城邦，是最早稱霸於此的政權。	古埃及古王國時代，金字塔的建造與象形文字為主要成就。（詳〇一五頁）	農業出現。

⇦成湯推翻夏桀暴政，建立商朝

敬天地、信鬼神：商朝文化

根據《史記》記載，商的始祖契是夏的諸侯之一，後因夏末主桀暴虐才取而代之。商時，統治者已擁有相當大的權力，但氏族制仍未完全消逝，貴族與王室差距不大，對王權仍極有約束力，傳統上認為商朝的繼承制為「兄終弟及」，某種程度上也可說明貴族力量的強大。

商朝時，宗教思想開始發展，帝王以神權進行統治，無旬不祭，對鬼神戰戰兢兢，認為萬物皆有靈，甚至有殺人殉神的習慣，且殉葬制度盛行，或為服侍墓主，或為增加墓主靈力。從出土的墓穴即可知，商代是澈底的階級社會，上層階級為王室、貴族，下層為百姓、奴隸。

在農業方面，商代有相當成熟且周密的曆法，商人已知一年有三百六十五‧二十五日，且月分大月三十日，小月二十九日，記事採干支，六十日為一循環，且開始觀察星象、天氣，可知這時的社會，農業是最重要的生產方式，儘管中國在此時已進入青銅器時代，這時的青銅器分禮器、樂器、兵器與車器等，主要仍僅限於貴族使用。

⇧方鼎，商朝青銅器僅限貴族使用

兩河流域

亞述人出現。

歐亞大陸

雅利安人因為氣候變遷等因素開始向南遷移。此民族的來源不明，只知西元前六〇〇〇年生活在俄羅斯、中亞等遼闊草原上。

西臺人製作的青銅製小馬車

打鐵民族：西臺人

西臺人是最古老的印歐語系民族之一，迴異於當時兩河流域以閃族為主的各民族，是今日西方各國或統稱白人的祖先，曾在上古時代稱霸於小亞細亞（今土耳其安那托利亞，Anatolia）、地中海東岸一帶，建都於哈圖沙（今土耳其安卡拉東邊）。

過去，信奉白人至上論的史學家相信，西臺帝國的崛起是印歐民族優於其他民族的最好證明，而大部分的史學家則相信，這是因為西臺人掌握一項利器：冶鐵，且將這個祕密保存近六百年之久；但事實上，從越來越多出土遺跡可看出，大約在西元前十四世紀左右，地中海東岸、小亞細亞、兩河流域各地的許多民族，都已或多或少的進入以鐵器為主的時代，很難說西臺是第一個，或說是唯一一個懂得冶鐵的民族。也就是說，西臺人並沒有因為冶鐵而獲得什麼政治與軍事上的優勢地位。

但是，和同時期的各民族相比，西臺人所領有的小亞細亞充滿各種礦物資源，如銅、鐵和銀等，兩河流域與之相比簡直一片荒蕪，因此西臺人相形之下的確是比較早掌握冶鐵的技術，這替他們帶來領先於同時期各民族的經濟優勢，除了是主要的軍火商，更是縱橫於各地的農具貿易商。而因應這龐大的對外貿易關係，西臺人務求以和為貴，畢竟和氣才能生財，與其拿冶鐵技術去攻擊其他民族，不如擅用這筆財富整頓內政，發展極具規模的行政體系，相輔相成之下，西臺帝國不但範圍廣大，且持續甚久，是西亞上古史的特例。

猶太人與猶太教的習俗、節慶

猶太族群是一種建立在統一信仰猶太教上，並與之相應形成的習俗、禮拜儀式互相配合的社會整體力量，而這一切規範都以舊約《聖經》為準，身為猶太人，一言一行都必須符合耶和華對他們的要求，比起其他宗教的教義，他們更重視日常生活的實踐。猶太人的重要節日、慶典有：

- 割禮：出生第八天的男孩即需割去包皮。
- 成年禮：為十三歲男性所舉辦的慶典。
- 戴小帽：無邊圓帽，稱「契巴」，似乎是新巴比倫占領時代才養成的習慣。
- 安息日：指星期五日落至星期六日落。猶太人的一日從日落開始至隔天同一時間，以紀念造物主在創世的第六天後休息的那一天，至今這天仍禁止一切工作與勞動。
- 贖罪日：猶太新年（多在新曆九月）後的第十天，是嚴肅且沉重的節日，只有這一天，大祭司才可以進入耶路撒冷的聖殿所。
- 住棚節：贖罪日後第五天，共持續八日，以紀念出埃及的日子，是充滿歡樂與豐收的節慶。
- 光明節：新曆十二月冬至，須點蠟燭，是家庭節日也是反抗壓迫的象徵。
- 逾越節：多在新曆三月底或四月初，維持近八天。出埃及時，猶太人在上帝的幫忙下，得以成功「逾越」法老長子必殺的命令，故以茲慶祝。
- 七七節：逾越節後五十天，對猶太人來說是個非常吉祥的日子，與住棚節、逾越節並稱三大節慶。

猶太人無論至何地，都謹記耶和華許給予他們「流著奶與蜜之地」的承諾，回歸故土、收回聖地，成為他們的兩大信仰，猶太教徒每天須向耶路撒冷祈禱三次，逾越節的最後一句祝禱詞：「明年在耶路撒冷」，以及至耶路撒冷拿一撮泥土放至棺材中，死者才得以安息的習俗，都說明他們對耶路撒冷的崇敬。新人結婚時必須踩破玻璃杯，則是不忘聖殿的意思，甚至猶太人習慣在建造房子時，留一角不裝修，也是為了紀念尚未修復的耶路撒冷。

舊約《聖經》

希伯來人的宗教信仰迥異於同時期的西亞其他民族，他們沒有神話，耶和華更是超脫人性，自始維持至高無上的地位。儘管仍能從猶太教經典：舊約《聖經》，找到一些這個民族與西亞各民族的關連，如對伊甸園的描述就極有可能是兩河流域，蘇美人留下的楔形文字的確也有許多與《聖經》情節相符的神話，如人是用黏土塑成或用肋骨造人的說法等。

除了是猶太教的經典，舊約《聖經》更是猶太人的思考方式、哲學體系、生活觀與價值觀，和猶太人的生活準則、文學作品與最珍貴的第一手史料。舊約《聖經》分三部分，第一部分五卷，包含〈創世記〉、〈出埃及記〉等，是全書最重要的章節，猶太人視為上帝與他們簽訂的律法、誡條。第二部分八卷，包含〈約書亞記〉、〈撒母耳記〉等，記載古猶太國王、先知、英雄的言論和功績。第三部分十一卷，包含〈雅歌〉、〈傳道書〉等，約完成於西元九〇年，收錄猶太人的倫理觀念與生活習俗。

舊約《聖經》現有一千多種文字的版本，從此可得知，自摩西建立一神崇拜後，猶太人就相信耶和華的天意為自然主宰，而人類為自然的一分子，也就是說，人類有理解神意的能力，且可隨時改變自然，這種「人定勝天」的思想影響至後世，讓西方人勇於挑戰自己與大自然，是西方致力於實用科學的一個重要心態。當亞述和新巴比倫開始威脅猶太人後，讓他們相信上帝會將災難降臨至褻瀆神意的人類身上，之後的猶太人環伺於強權間，更有了上帝會派救世主「彌賽亞」前來解救他們的想法，而他們終將能回到耶路撒冷。

⇧傳說上帝在西奈山上授予摩西《十誡》

單位：年

西元	地區	大事
(約)前3000～前2700年	中國	傳說時代「三皇」出現時間。(詳〇一六頁)
(約)前2800年	兩河流域	蘇美人修建烏魯克城城牆，根據傳說，這道城牆即是吉爾伽美什下令修建的。
(約)前2770年	埃及	推估埃及出現第一座金字塔。

⇧周武王像

封建與宗法：周朝文化

周原本是隸屬於中國商朝的一個小諸侯國，力量不足以和商對抗，但商末主紂好戰，周趁機累積實力，在近十一年的沉潛後，終在牧野（今河南）一戰滅商。周人滅商是中國上古史的一件大事，澈底顛覆了商朝以來所建立的對鬼神敬畏之心，周人自此相信，原來人的行為可扭轉「天命」，這是中國人文思想大盛的開端，周公更因此提出「天命靡常，唯德是輔」的說法，自此成為中國統治者奉行的定律之一。

周代以宗法制度結合政治與親屬，周天子既是國家共主，也是家族長老，為大宗，與之相對的諸侯就是小宗；政治上的最大特色就是行「封建」制，顧名思義就是封而建之，先分封諸侯，即貴族，再讓他們至封地建國。諸侯爵位在周時分為公、侯、伯、子及男五等，依爵位高地決定封土大小及置軍多寡；各諸侯國需定時向周天子朝覲、納貢，而在自己的封地裡，諸侯就是實質的統治者，擁有經濟、政治等權力。

至春秋戰國時代以後，中國脫離青銅器時代，開始進入鐵器時代。農業方面，周代播種時已懂得順應地勢高下及水流方向，牛耕、犁耕的使用日益普遍；手工業已有細密的分工，也都有一定規模。遠地貿易在春秋戰國時代已甚為發達。

⇨周公像

(約)前2697年

中國

黃帝大勝蚩尤。

⇦傳說天神梵天用自己的嘴製造婆羅門；雙手製成剎帝利；雙腿做成吠舍；雙腳變成首陀羅。由於製作部分不同，於是就劃分為高貴和低賤的種姓

千年的枷鎖：種姓階級

雅利安人進入印度大陸時，為了讓人口眾多的印度人迅速信服於他們，於是建立一個統一的精神即宗教力量，以方便統治，之後並以該教祭司婆羅門為首，創立「種姓制度」，藉由宗教儀式與繁瑣的慶典，強迫當地人與之同化。

種姓制度以家庭為單位，用嚴格規矩以內部統治方式集體分擔義務，確保成員不受侮辱或傷害。初始四大階級為婆羅門（祭司）、剎帝利（武士）、吠舍（牧人、工匠、商人）及首陀羅（僕人、體力勞動者），但其實每個種姓之下又分為各種種姓，現在預估已超過三千種，甚至有學者認為有上萬種。

這個制度控制並決定了印度人的婚姻、職業、服飾樣式與社會地位，外人看來不盡公平且難以理解，但對印度人來說，雖然個人無法單獨提升至其他種姓或脫離原種姓，但每個種姓的社會地位都可能因新種姓的出現而提升，也就是永遠可以找到比自己低賤的人，由此減少低種姓的不滿，加上高種姓是以逃避和遠離而非壓榨來面對低種姓，反而避免了因剝削和壓迫帶來的階級衝突，確保印度社會千來年的分工與和諧，也是這個制度牢不可破的主因。

中國上古史學發展

史學是中國相當特別且傑出的學科，和世界上其他文化相比，中國很早就有專職史官，也一直都有精采的史學作品，許多上古史書流傳至今，對文化與語言的影響甚至超越文學作品，這在世界上其他國家來說是很少見的。

一般相信中國最早的史書為《尚書》，古語「飽讀詩書」，指的就是《詩經》和《尚書》。《春秋》則是現存最早編年體史書，東周時，春、秋兩季既是諸侯朝聘王室的季節，也可代稱為「年」，因此成為史書統稱；《春秋》由孔子編纂，孔子重禮講分際，舉例來說，在他筆下，殺、誅、弒都有不同含義，一指無罪而取人性命，一指取有罪之人之性命，一指以下犯上。該書文字簡練、暗含褒貶且以微言大義表達史官看法，即後世所稱的「春秋筆法」。

《國語》是最早的國別體史書，以上層統治階級士大夫的言談、辯論，反應歷史事件與興衰治亂，不重視事件情節，篇篇都是強調教誨意味的論說文，史學思想進步；與《國語》並稱的是《左傳》，相傳都是魯國史官左丘明的作品，兩書互為表裡、互相參證。

《戰國策》也是上古史學一部經典作品，成書時代稍晚，記述戰國時代人與人、國與國之間的對話、攻防，宛如外交祕辛，因此後人推測此為縱橫家作品。

⇧孔子像

雅利安文化的代名詞：《吠陀經》與《奧義書》

西元前二〇〇〇年左右，因《吠陀經》的出現，印度進入「吠陀」時代。《吠陀》既是婆羅門教的經典，更是文學作品與印度最早的文獻史料，成書年代不明，可能早於西元前三〇〇〇年，共有四部，集結年代應是前二〇〇〇至五〇〇年之間。其中的《梨俱吠陀》意為「智慧之詩」或「知識」，集錄西元前一五〇〇至前九〇〇年的千餘首詩歌總集，從極致的敬思與冥想到世俗生活瑣事，以鮮明語言描繪主神因陀羅事蹟，但僅流傳於僧侶與高種姓，以造物主的名義闡述種姓制度存在的必要性，「神造種姓」從此根深蒂固，而既然是神造的，當然就不能改變。

《吠陀經》代表印度從原始社會末期形態向階級和國家形態的過渡期。而對知識的渴望，是印度文化一大特色，也是宗教頻出的原因之一，《奧義書》這篇以散文和詩歌寫成的哲學論文即是一例，它以師生對話形式來闡述，相信真正的知識是充滿善的力量，與對轉世之說的詮釋加強種姓制度的合理性，低階種姓成員據此相信，一旦他們此生善盡義務，來生有可能成為高種姓；但若違反規矩，則降為更低種姓。

《奧義書》的出現完善婆羅門教，印度從此進入婆羅門教文明時代。

⇧《吠陀經》中牧牛神黑天及其伴侶拉達的故事

西元	(約)前2625年
地區	埃及
大事	古埃及古王國進入第四王朝時期，著名的「吉薩金字塔群」即建於此時，最大且最著名的是古夫金字塔，每邊長二百三十公尺，最高高度為一百四十六公尺，總計用掉七百萬噸巨石。拿破崙命人算過，三座金字塔的巨石可在法國國境四周建造一堵高三公尺，厚三十公分的圍牆。

➪斯巴達戰士

斯巴達人與希洛人

希臘半島上，小國林立，但各城邦間的演進十分類似，開始時都是君主制（Monarchies），後轉為寡頭制（Oligachies），之後再被僭主（Tyrants）推翻，最後在西元前五至六世紀左右，進入民主制度。這個演變顯示當有經濟能力的人越來越多時，就無法容忍權力集中在少數人手上，自然而然會以各種暴力、和平的手段，將政權過渡至所有自認有資格掌權之人，而和同時代的其他民族相比，希臘人特別追求自由、閒適與安逸的生活品質，也就漸漸演變成多數人都可針對時政發言的民主制。

但斯巴達是唯一的特例，斯巴達因地形關係無法發展對外貿易，只能依靠農耕，富人數量不足以轉為民主制，加上對土地的需求，反而讓其在西元前六世紀左右轉為重視階級的精英統治，甚至是澈底的軍國主義，全民皆兵，以此保持統治優勢，好壓制奴隸階級。斯巴達約有八千至一萬名武裝的公民，統治數量超過他們十倍的奴隸，即希洛人，他們是佃農，沒有任何權力、武裝力量和財產，斯巴達人甚至可以任意處死希洛人。但相對的，斯巴達也一直活在希洛人會造反的恐懼下，為了避免這種情況發生，只好走向更極端的專權與軍國制，好保護自己，不被奴役之人所殺。

著名科幻小說《時間機器》（*The Time Machine*, 1895）中，男主角闖入未來，發現世界上只剩兩種人，生活在地面上享受良好生活品質的艾洛伊人；與困在地底下，為艾洛伊人奴役、被迫替他們生產食物的野蠻人莫洛克人，但莫洛克人隨時都可至地面上吞食艾洛伊人。之中敘述情節正和斯巴達如出一轍，即反應了壓迫者與奴役者的矛盾現象，也說出了極權政治最終不可避免的悲劇。

數的世界：畢達哥拉斯

出生於今希臘薩摩斯島的畢達哥拉斯，曾師事大哲學家泰勒斯，後來在泰勒斯的建議下，遠至巴比倫及埃及遊歷，充分吸收當時發達的西亞文化。

畢達哥拉斯對數字的各種關係與度量方式相當著迷，他的研究遠遠超越同時代的人，「數學」這個詞據說就是他創造的。他認為萬物本源於「數」，是既可解釋抽象如靈魂的概念，又可說明自然現象如火、水等的抽象名詞，而且，數也是一種音韻、一種語言，數與數間充滿的規律與秩序，更可說明宇宙運行原理。畢達哥拉斯也相信人性至善，而摒除一切私慾就是維持至善的方法，遵守數與數之間所形成的「和諧」，即是所有希臘人應該追求的最高目標。

為了傳達這樣的理念，畢達哥拉斯在現今的義大利南部克羅托內（Crotone）創立一所學校，或稱盟會，以招收同好來傳播他的理念，人數最多時達六百多人。這個盟會或可視為一種全新的宗教，雖然沒有神祇與經典，但他們皆相信靈魂會一再轉世與重生，因此反對屠夫或獵人等任何跟宰殺生命相關的行業，追隨他的信徒聚居一起，並遵守許多現在看來匪夷所思的教條，如不吃豆子、不碰白色公雞、不幫人搬下東西等。而遵守這些規則的目的，即是讓生活更為和諧，從而讓靈魂不滅。

因為重視科學研究、講求經濟發展，這個盟會甚至一度有政治上的影響力，也驗證了畢達哥拉斯的理論，「數」能帶來更美好、理想的生活方式。

畢達哥拉斯像

單位：年

西元	(約)前2600～前1900年	(約)前2530年
地區	印度	埃及
大事	印度河谷文明成熟期。	古埃及建造「斯克芬」人面獅身像。兩河流域、波斯、希臘皆有類似神獸，外貌以古埃及這座巨大的雕像為主，但建造方法、時間和原因至今都仍是個謎團。

⇧古希臘吟遊詩人荷馬一邊彈奏豎琴，一邊吟唱

希臘戲劇

希臘人相信神的力量，更崇拜能與神對抗或匹配的英雄，這些英雄的故事成為詩歌代代流傳，高明的吟唱詩人在講述這些故事時，總能吸引大批民眾觀賞，日久就形成圍繞著他的舞臺，而為了增加可「聽」性，聰明的吟唱詩人會再邀請另一位詩人與他在重要情節時「對話」，這就是希臘戲劇最早的雛型。另一方面，希臘人在祭神時習慣扮成各種動物，並模仿動物叫聲以祭獻神明，日久，這種表演方式越形豐富與成熟，角色與情節也多了起來，自然而然形成劇情流暢的戲劇。

「看戲」在雅典公民的生活中尤其重要，是得到官方認可與鼓勵的休閒活動，政府不但興建龐大的劇場，還會發放相當於一個公民一天收入的津貼，好讓人民有機會多去戲院走走，演員薪水也由政府發放。希臘戲劇的某些特點至今仍是舞臺劇界奉為圭臬的標準，如嚴格遵守時間、地點及故事線一致性的「三一律」；或是演員以轉換面具的方式表達情緒等。但有些希臘戲劇的特點，放在現在是不適用的，如絕對露天演出、舞臺背景不會因場景而更換、每齣戲者只有三個男演員，沒有女演員，且演員均需穿高跟鞋，好讓他們緩步移動，慢慢說話，免得觀眾跟不上劇情等。

希臘戲劇分「悲劇」（Tragedy）和「喜劇」（Comedy）兩種，悲劇題材總是嚴肅正經，通常暗指人類命運無常，抵不過神諭或神明的安排，但人應用高道德的標準期許自己，並將未來設定在更崇高、理想的人生；而喜劇則充滿笑話和粗俗的用詞，純供大家消遣、娛樂。希臘每年有三大重要戲劇節，會組成專業的十人評委，針對劇本評選，之後再由執政官決定名次，優勝劇作家除了有獎金以外，政府還會為之立像，是至高無上的榮耀。

(約)前2500年
兩河流域
蘇美人創造「楔形文字」。(詳〇一三頁)

(約)前2357年
中國
據史書《尚書》推論，堯、舜禪讓政治大約出現於此時。

(約)前2334～前2200年
兩河流域
蘇美阿卡德帝國稱霸兩河流域。

⇧孔子像

儒家：天人合一

東周以後，禮樂崩壞，周天子已失去號令天下的權威，貴族沒落，先秦諸子面對總總的時代變局，出現三種不同的因應態度。有些思想家嚮往西周時代的禮教制度，希望能加以保存或維護；這類思想家以儒、墨為代表，當時並稱顯學。

儒家講「禮」，主張人與人的關係、上下尊卑皆有一定的秩序與倫理，如此社會方能和諧；但這並不表示儒家主張階級制，事實上，孔子的中心思想以「仁」字貫穿，他認為人與人之間若能以「仁」行事，自然會形成一個美好、和諧、有禮的社會。「仁」是人的所有美德，是做人最高指導原則，表現即是「己所不欲，勿施於人」，自己不喜歡的事，不要加諸於別人身上。孔子認為，一個統治者若懂得以「仁」治國，結合道德與政治，完成內聖外王之事業，即足稱「君子」；在先秦典籍中，「君子」多代表一種社會地位，或指貴族或指丈夫，但孔子賦予其道德立場，認為只有德行高潔之士才是真君子，這個看法被之後的孟子、荀子發揚光大，成為理想人格的典範。

孔子化貴族言為百家學，促進學術發展與教育自由，發揚東周以來的人文思想；其傳世弟子孟子則對人性問題提出更深入的思考，主張人的價值意識來自側隱、羞惡、辭讓及是非之心，不需依賴外在的力量。自孔孟以後，儒家學派大抵維持這種哲理思想，注重仁與禮的社會，對人性極具信心，以發揚其光明面為己任。

單位：年

西元	(約)前2300年	(約)前2133～前1786年
地區	中國	埃及
大事	龍山文化出現。此時的社會結構更為健全，邁入階級制、父權社會。	古埃及進入中王國時代。文字發展為最主要成就。

道家：閒適自然

先秦諸子面對時代變局，出現的另一種因應態度，是厭惡人為制度，而傾心於追求個人心靈逍遙與自適，代表人物為道家諸子。

道家的代表人物是老子和莊子，老子主張萬事萬物都應「順應自然」，反對一切人為制度，認為無為而治就是最好的方法，這種對閒適、自然人生觀的追求，讓人往往忽略其實他的學說也是以政治哲學為出發點。老子的所有思想精華，都濃縮在只有短短五千字的作品《道德經》裡，雖然說盡人生大道理，其實都是提供統治者治國方針，某些部分和主張嚴刑竣法的法家有類似之處，例如他主張治大國如烹小鮮，也主張小國寡民，甚至還有些學者認為他主張愚民政策。老子的主要思想精華由莊子繼承，學說領域也從政治轉為純人生觀，儘管兩人並無任何關係，但後世多將莊子理論視為進一步發揚老子崇尚個人自由的思想，淡泊名利、不問世事，後期轉為消極、避世的思想，至魏晉世局大亂時轉化為玄學，深受上層知識分子所景仰。

道家創造並提升中國人的心靈境界，這派學說的人生觀、價值觀都和儒家成對比，雖然在東周時代非顯學，但卻是唯一能和儒家一樣廣泛流傳至今的先秦學說，故有中國人「得意信儒，失意崇道」的說法。

⇧老子像

(約)前2100～前1600年

中國

大禹創立夏朝，是中國歷史上第一個確切的王朝。

(約)前2000～前1600年

兩河流域

巴比倫人取代蘇美人，成為兩河流域主人，建立巴比倫帝國。

中美洲

馬雅文明形成。

其他戰國學派：墨家與法家

先秦諸子面對時代變局，出現的第三種因應態度為在承認舊制度與現狀的前提上，為新思想催生，代表學派為法家，代表人物為申不害、韓非等人。雖分法、術、勢三派，但都贊成軍國主義，強調君主權威，更重視現實政治。法家主張以「法」治國，欲取代以「禮」治國的儒家思想與封建制度，積極提出任何有利戰爭的可行方法，包括建立官僚制度、耕戰政策，上述總總措施與思想，正是最後能助秦始皇一統天下的根源。

至於前文提到的「墨家」，在諸子學派中最顯特別，因為墨家深具宗教特色，或被視為中國最早的結社團體，組織嚴謹，最高領袖稱「鉅子」，成員皆自稱「墨者」，必須服從鉅子指揮，聽其領導。墨家出於「利」的考量，在政治上主張平等、非攻，不浪費國家資源，而要做到這點，則必須人人兼愛，為了實現這個理想，墨家還提倡非樂、節用等主張，認為做人只要滿足最基本生活條件即可，如此才不會有想要奪取他人財產與土地的想法，從而也能避免戰爭的發生。

墨家的理論充滿理想色彩，自然實施不易，因此隨著創始人墨子過世後，就漸漸式微；只有「兼愛」思想留傳下來，補強了中國人的「孝順」觀念。

⇨ 墨子像

⇧ 韓非像

單位：年

西元	地區	大事
(約)前2000～前1100年	希臘	克里特島邁諾安文明興盛期。
(約)前2000～前1000年	義大利	臺伯河畔出現農業聚落。
(約)前2000～前500年	印度	印度吠陀時代。

耆那教

由於雅利安人推行的種姓制度形成種種社會不公現象，約西元前六世紀，印度興起一股平和、不顯於外的宗教改革，在完全排斥婆羅門教的中心思想、教義、經典為主之下，形成全新的思想流派，最成功的是耆那教與佛教。

耆那教創始者「伐達摩那」，拋棄當時印度的舊有神祇與經典，相信物質世界是真實且充滿無數靈魂，而靈魂皆是被束縛的，唯有轉世才能超脫，極端苦行是戰勝束縛、尋求解脫的唯一方法，他所追求的最高境界是自我絕食而亡，主張人若能在自然狀態下氣絕身亡，即能進入所謂「功德圓滿」的境界。由於耆那教嚴格奉行「戒殺令」，由此衍生，信徒不得從事任何與農、漁、獵等與大自然相關的活動，只得以貿易與借貸維生，讓這個追求絕對苦行的宗教信徒因此成為社會上的財富積聚者。

耆那教徒稱自己信仰的是永恆的宗教，一方面是因為耆那教認為世界是永恆的，另一方面也因為該教思想形成耗時久遠，日後才漸漸出現經典、神祇，並有僧侶制度。伐達摩那逝世時，信徒約五十二萬多人，今日信徒則約二百萬人左右，多分布在印度南部與西部。

（約）前1950年

兩河流域

希伯來（猶太）人亞伯拉罕，帶領部族進入巴勒斯坦。

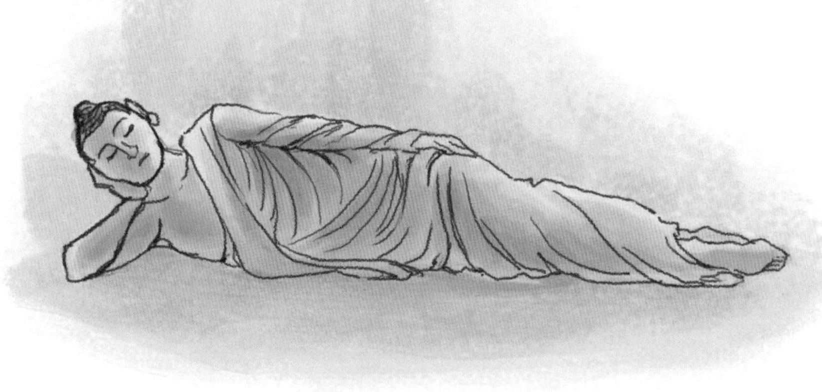

在釋迦牟尼圓寂後，他的教誨才漸漸被稱為「佛教」

無神論宗教：佛教

既是針對婆羅門教與種姓制度而來，耆那教與佛教一開始都沒有經典、神祇，乃至神職人員。

佛教由釋迦牟尼倡導，認為萬世萬物都是構成世界的物質，極端反對殺生。該教主張一切事物和現象，都是相互聯繫、互為條件的因果關係，一開始即以平民語言傳教，不排斥任何種姓皈依，從國王到平民都可以是教徒。釋迦牟尼稱男教徒為「僧」、女教徒為「尼」；待他即將圓寂時，大弟子阿難問：「我們將以誰為師，以何而往、遇凶如何調伏，經典集結如何使人信服？」釋迦牟尼回答：「應以戒為師，以四念處而往、遇凶應默擯置之，經典集結以『如是我聞』之為首而使人信服。」此後才漸漸被世人視為宗教。至孔雀王朝的阿育王時代還一度成為印度國教，阿育王還召集高僧編纂經典，修建佛教寺院和佛塔，且派僧尼到今斯里蘭卡、敘利亞、埃及和中國宣揚佛法，是繼釋迦牟尼後對佛教貢獻最大的人。

由於教義充滿哲理，佛教剛開始很難傳播至中下階層。今日的兩大教派約於創立五百年後形成，一派是希納衍那（Hinayana），即上座部佛教，強調個人得救，主要盛行於東南亞；另一派則是摩訶衍那（Mahayana），或稱大乘佛教，目標是拯救全人類，盛行於東北亞。但不管是哪個教派，都融入許多當地民間宗教與文化，很難看到佛教原義。而發起地印度，可能因宗教數過多，今日的南亞大陸上很少有該教蹤跡或信徒，但論總信徒人數，佛教毋庸置疑仍是世界三大宗教之一。

與野獸共舞：角鬥士

「角鬥士」據說是源自義大利半島原住民伊特拉士坎的葬禮習俗，分為人與人、人與獸及獸與獸的爭鬥，最受歡迎的是人與獸的爭鬥，因為他們能以此告訴祖先，後世子孫不會懦弱無能，沒有戰鬥力。

至羅馬共和與帝國時代，因連年擴張，使境內奴隸量大增，西元前三世紀至前一世紀左右，發展成一種非常流行的娛樂活動，從當時的這句流行語就可看出：「羅馬人只渴望麵包和競技場。」角鬥士在上場前，會先在專業的學校接受訓練，出場前夕會受到盛大且隆重的款待。表演開始時，角鬥士須先繞場一圈，對皇帝說：「陛下，我們這些將死之人向你致敬！」之後抽籤決定對手，通常是獅子、豹或熊等猛獸，甚至還出現過鱷魚，但鱷魚因動作過於緩慢、無法帶來刺激的表演而不受歡迎。與野獸博鬥時，角鬥士的唯一武器就是一張網和一根三叉戟，全程只能憑勇氣和靈活應變，結束後，在最上方觀看的貴族、皇帝或節目發起人，會以大拇指的上下來決定角鬥士的生死。

⇨羅馬人把觀賞角鬥士格鬥當作日常娛樂

⇩羅馬競技場示意圖

儘管殘忍無比，據估計，西元八〇年的某一天，羅馬競技場就殺了五千隻猛獸，當時也有不少人反對，但贊成的人仍主張「罪犯與奴隸將藉此展現榮譽與勝利」，一位角鬥士一年約表演三十天，成功的角鬥士有可能得到自由公民的身分，比賽前會有專屬海報與宣傳，愛戴他的觀眾甚至會跟著巡迴演出，或提早數天在競技場外搭帳篷等待，行徑一如現今追星族，競技場外也會有許多小攤，販賣各式零食與飲料等。

《史記》與司馬遷

中國史學最高成就、史書的經典代表，是漢初司馬遷所著的《史記》。

司馬遷之父司馬談即是西漢史官，在耳濡目染且父親的有意栽培之下，司馬遷先是遊歷於中國各地，探訪當地民情、增長見聞，之後才報效朝廷，跟在當時的皇帝漢武帝身邊撰寫史書；最終在約五十四歲時，完成全書共計五十二萬六千多字的《史記》，上從傳說時代的三皇五帝一直到漢武帝，全書採以「人」為主的「紀傳體」，以〈本紀〉記帝王，以〈世家〉記諸侯，以〈列傳〉記平民，另以〈表〉和〈書〉記大事年表、典章制度、天文地理及音樂藝術等包羅萬象的資料。《史記》確立史書體制，司馬遷其人則成為後世史家典範，他堅持考證精神，以審慎態度取捨史料、辨別真偽，不僅博覽群書還主張田野調查，並以「太史公曰」展現史官該有的骨氣、客觀立場與批判精神。

除了史學成就以外，《史記》最難為可貴的是，它同時也是一本不可多得的中國文學佳作，司馬遷精采的文筆寫活歷史人物，許多經典成語亦出於本書，讓後世稱《史記》為「無韻之離騷」。到現在，我們還在用「鴻門宴」形容緊張、詭譎的飯局；還在說「飛鳥盡、良弓藏，狡兔死、走狗烹」、「運籌策帷帳之中，決勝於千里之外」、「智者千慮必有一失」等句子。

司馬遷像

(約)前1900年

兩河流域

史詩《吉爾伽美什》完成時間。故事中吉爾伽美什尋得讓人長生不老的仙草，卻被蛇誤食，從此，蛇有了每年蛻皮重生的能力。（詳〇二〇頁）

手持盾牌與短劍的羅馬戰士

建立帝國的頭號功臣：羅馬軍團

軍團制度的穩定與成功，是羅馬之所以建立帝國的重要原因，至西元二百年左右，羅馬軍隊約有三十萬人，分三十三個含輔助人員的軍團。

羅馬軍隊最初由農民組成，共和時代，十七至六十歲的公民需服義務役，之後轉為徵兵制，國家逐漸壯大後才有職業軍人。身為一個職業軍人，部隊會存下你薪水的七分之二，以保障退伍後的生活；所有戰時掠奪而來的物品、財富都屬該士兵所有，包括俘虜；英勇作戰會得到以樹葉編成的冠冕表揚。相對的，在軍中犯罪或過失都以死刑論處，尤其是以下罪狀：偷竊、作偽證、同性戀、謊報戰績、怯戰逃兵及值勤時怠忽職守等。死刑執行方式是由其他士兵任意投擲石塊，或亂棒致死。

軍隊的主要單位為「團」（Legio），一團約五千人，再分成八十人為一組的「百人隊」（連），每個軍團另有五千名擔任騎兵、弓箭手或步兵的附屬輕裝人員，來源各異，如西班牙、非洲、德意志或匈牙利等地，在軍中服役滿二十五年，輕裝人員就可以取得公民資格。新兵訓練包括基本功、軍械及紮營三大項，最基礎的步伐訓練，包括在五小時內走完三十甚至是三十五公里的路，或背著十五公斤的負重訓練。士兵穿著由金屬片縫製而成、輕便且保護效果良好的鎧甲，極具機動性，使用機具包括弩弓、大型箭矢、擲火器、可向遠處拋擲大石頭的「驢子」（Onager）；最有名的陣法稱「龜甲盾」（Testudo，陸龜），士兵將盾牌緊列排在頭頂上，然後像坦克車一樣前進。

羅馬人修建軍營（Castra）極為講究，以石頭砌城牆，並會配合簡單的生產工作。對帝國時代的皇帝來說，軍隊是籌碼、是戰力，更是政治實力的展現，「養兵」即為重要，塞維魯斯皇帝（一九三至二一一年在位）就留下這句名言：「兒子，付錢給軍隊，照顧你的兄弟，其他人都可以忘記。」

（約）前1772年
兩河流域

巴比倫國王頒布以自己名字命名的《漢摩拉比法典》，共含二百八十二條法律，擴及婚姻、繼承、商業經營等。巴比倫人制定法條的主要目的是「制止爭端」而非伸張正義，從這個前提出發，才能解釋為何會出現「以牙還牙，以眼還眼」這個現代人看來過於殘酷的法條。

（約）前1766～前1027年
中國

成湯創立商朝。（詳〇二二頁）

（約）前1700年
埃及

希伯來（猶太）人進入埃及。

羅馬節慶與數字

儘管羅馬民族性嚴肅又講求實用性，羅馬在進入帝國時代後，仍因社會繁榮、經濟富裕，而越來越講求玩樂與休閒活動，皇帝也順應民情不斷公布新節慶，甚至一度達到一年中有半年以上的休假日。而有些慶祝方式與節慶，至今仍影響我們。

相傳羅慕路斯建羅馬城時，城中女性缺少，羅慕路斯因此利用巧計搶奪附近部落的薩賓婦女，現在西方國家新人成婚後，新郎必須用雙臂抱起新娘進新房，即俗稱的「新娘抱」，正是源自於此。而共和國時期，羅馬人於每年二月十四日慶祝牧神節，以祈求婚姻順利、感情順暢，不用說明即是今日情人節前身。八月，對羅馬人來說更是至為重要，這一整個月都是假日，由於屋大維生於八月，他的封號「奧古斯都」更是今日八月稱呼，但八月放假是不是因為屋大維則不得而知，只知道直至今日，八月仍是義大利全國上下，從公司機關到各類商家普遍休長假的日子，這時到義大利旅遊，千萬不要被空蕩蕩的城市所嚇到喔！

由於帝國強盛，羅馬人自然掌控當時商賈，因此應運而生一種特殊的數字符號。以手指計數發展而來，羅馬數字最先出現的是五「V」，和十「X」，之後才有的一為「I」，二、三以此類推，百為「C」、千為「M」，還有較少見的五十「L」、五百「D」；加寫在右邊，減在左邊，因此四為「IV」、六為「VI」。但這套數字有很大的問題，那就是羅馬人沒有「零」的概念，因此它無法發展成高級數學。不過，直到今日，西方人仍習慣以羅馬數字標示國王、皇帝的稱號，以及世紀。

拉丁散文泰斗：西塞羅

西塞羅出生富裕人家，在羅馬接受基本教育後，還曾赴希臘進修兩年，回到當時的政治中心義大利半島後，就一直活躍於上流社會，在世時即為著名的辯論大師、演說家及文學家。

西塞羅的成就表現在很多方面，在哲學思想方面，他師承斯多噶學派，但稍有改良，認為理想的人是以理智將悲傷和痛苦置之度外的人，主張一個羅馬人應該具有嚴肅、虔誠和質樸的特質，也是後世對羅馬文化既定印象的由來。而他的眾多成就中，最著名的還是對拉丁文學及修辭學的貢獻，西塞羅的文體吸收希臘文優雅、活潑精華，又發揮羅馬堅定、沉著的特色，質地有聲、自然流暢，文筆集所有拉丁文學的優點於一身，論文通暢明順，善於運用辭藻，政論文章已經有民主、自由及開放等進步觀念。他的出現，證明理性、嚴肅的羅馬人，也可以有和希臘文化相比的文學大師；因此在世時，即獲得「散文泰斗」的封號，同時代只有凱撒文風差可比擬，而儘管政治主張相反，這兩人對彼此的著作卻是讚譽有加。

素有「雄辯之父」稱號的西塞羅，至今仍是西方世界中能言善道的代名詞；他的傳世作品也為當代文學家之冠，現存演說仍多達七十五篇，修辭學和哲學思想論述也有近二十篇，完整的書簡內容更多達八百多篇，從這些作品，後人得以一窺羅馬政治運作的完整面貌，和政治人物的真實群象。更重要的是，他的寫作成就，讓他成為將古典希羅思想傳承至中世紀歐洲，進而引入現代世界的橋梁。

羅馬古城區周邊至今仍保存著相當完整的古代城牆

羅馬諺語

後人以「希臘的光輝與羅馬的宏偉」，來形容西方世界這兩大文明源頭。相較於希臘文化的浪漫、典雅，羅馬文化給人的印象就是實用、嚴肅且厚重的，由幾句自當時流傳下來的諺語更可看出：

- 羅馬不是一天造成的：凡事不可急躁。也說明為何羅馬有「永恆之城」的稱號。建築和雕塑是最能展現羅馬文化特色的代表，大型公共建設之完備更讓後人折服，地下水道、汙水處理系統完善，且有健全的醫療院所體系。
- 條條大路通羅馬：羅馬人的實用精神表現在對道路、橋梁的修建。以羅馬城為中心，羅馬人建立以二十九條幹道為主體、四通八達的交通道路，寬度劃一、工法相同，今英國、土耳其、北非、西亞全連為一個世界，有些大道甚至今日仍在使用。
- 用一生時間都讀不完羅馬：羅馬文化留給後人的不是書本、繪畫，而是龐大的建築群，也象徵羅馬文化的屹立不搖。
- 從事羅馬式的工作：指的是偉大、耗時的工程。與之相對的，「將事情延到希臘曆的朔日」，指的是永無止境的延後，因為希臘曆無朔日（每月一號）。
- 到了羅馬，就像羅馬人般行事：即入境隨俗之意。羅馬為多民族國家，各種族人要學著互相適應；另一方面，羅馬很早就發展出嚴密且成功的商會組織，並控制絕大多數土地，因此若想跟羅馬做生意，就得依照他們的方法行事。

萬神殿是保存最完整的古羅馬時期建築物之一

單位：年

西元	地區	大事
（約）前1600	中國	中國出現文字。
（約）前1600～前1200年	兩河流域	源自中亞大草原的印歐語系民族西臺人占領小亞細亞一帶。（詳〇二三頁）
（約）前1570～前1087年	埃及、西亞	古埃及進入新王國時代，開始向外擴張，與西亞各小國爭奪今巴勒斯坦一帶的貿易、商業利益。
（約）前1500年	印度	雅利安人由西北方進入印度，原始印度河文明的遺跡消失殆盡。

單位：年

西元	地區	大事
（約）前1250年	希臘	特洛伊戰爭。
	西亞	在摩西帶領下，猶太人「出埃及」，進入一神信仰。至今日，摩西都是以色列人導師典範和守護者的象徵，他代表這個民族，或說他們的宗教猶太教，是受過重大啟示，且應以啟迪他人為精神、目標。（詳〇二四頁）
（約）前1200年	西亞	猶太人回到流著奶與蜜的迦南，與當地「腓力斯丁人」（Philistines，非閃族，又名古代以色列人，希臘人則稱之為巴勒斯坦人）發生衝突。腓力斯丁人搶走猶太人精神象徵「約櫃」，依《聖經》記載，約櫃是摩西得到耶和華的啟示後，用黃金特製的櫃子，內放置上帝親手書寫的十誡刻法典，除高級祭司以外，一般人不得接近。在與腓力斯丁人的對抗中，猶太人脫離部落，產生國家體制。
	印度	《吠陀經》出現。（詳〇二九頁）

(約)前1450～前1300年

西亞

西臺帝國占領地中海東岸一帶，包括今日的黎巴嫩、敘利亞等地，在滅亡巴比倫帝國後停止擴張腳步，進入全盛期。使用語言為改良式的楔型文字，對外交流則以當時西亞世界流行的「阿卡德文」為主。

(約)前1400年

希臘

邁錫尼文明取代邁諾安文明，《荷馬史詩》的許多神話故事背景即發生在此時。

(約)前1300年

中國

後世考證，最早的甲骨文約於此年出現。

西亞

西亞開始大量使用鐵。

(約)前1180年

西亞

西臺帝國遭逢西方「海上民族」攻擊，進入衰退期，至前八世紀完全滅於亞述之手。「海上民族」一詞來自希臘史學家希羅多德所著的《歷史》一書，但是哪個民族？至今史界無定論，也有學者認為這是暗喻之後流行於帝國境內的嚴重瘟疫。

(約)前1100～前256年

中國

周武王創立周朝。（詳〇二六頁）

(約)前1100年

中國

《詩經》出現，為中國韻文文學始祖，與上古時期北方文學代表，與《楚辭》相對。

中國

推估《尚書》最早出現時間。記載自堯舜至東周春秋中期近一千五百年的歷史，滿招損，謙受益、天作孽，猶可違；自作孽，不可逭、民之所欲等說法都出自此書。

單位：年

西元	地區	大事
(約)前1025年	西亞	在掃羅的帶領下，猶太人建立統一的民族與國家「希伯來」，士師撒母耳替掃羅在頭上倒膏油替其祝聖，之後成為西歐國家君主加冕的傳統。
(約)前1010～前970年	西亞	猶太人進入大衛王時代。在大衛王的帶領下，猶太人於西元前一〇〇五至前一〇〇〇年左右徹底打敗巴勒斯坦人，搶回約櫃及供奉約櫃的神廟。至大衛王去世時，猶太人已在巴勒斯坦建立一個強大的國家，這讓大衛在猶太史中地位崇高，猶太人至今仍常自稱為「大衛子孫」。
(約)前1000年	北非	腓尼基人創建字母表。

單位：年

西元	地區	大事
(約)前850年	希臘	後人推估希臘吟唱詩人荷馬的時代。
(約)前814年	北非	腓尼基人建國，是為迦太基。
(約)前800年	印度	雅利安文明進入鐵器時代，戰力大增，社會規模與階級也日趨複雜。
	印度	《奧義書》成書年代，是古印度文明最早哲學著作。（詳〇二九頁）
	兩河流域	亞述在兩河流域北邊建立全新帝國，後定都於尼尼微（今伊拉克北部）。

(約)前997～前933年

西亞

猶太人進入所羅門王時代。以智慧著稱的所羅門，任內於耶路撒冷錫安山，建成猶太民族長久以來所期望的聖殿，放置約櫃和傳說中的所羅門王寶藏，自此，耶路撒冷成為猶太教聖地，也是猶太人政治、經濟與文化的中心；錫安聖殿則成為日後猶太人復國精神的象徵，錫安主義即為猶太復國主義。

(約)前933年

西亞

希伯來國王所羅門在建神殿的過程中，為支付建築經費和原料，而將巴勒斯坦部分土地割讓給腓尼基人，並徵召猶太人至腓尼基服勞役，多是北方人，因而擴大國內南北對立。故所羅門王過世後即南北分裂，北方不能接受耶路撒冷為唯一的聖殿場所，建立以色列王國（至前七二二年），定都撒馬利亞（Samaria）；南方則為猶太王國（至前五八六年）。

希臘

吸收腓尼基字母，發展出希臘文字。並因頻繁的貿易關係，半島上以部落或家庭為中心的組織漸漸轉型為特有政治組織：城邦（city-state）。最大的斯巴達土地有三千多平方英里，第二大的雅典則有一千一百平方英里左右，人口各約四十萬。而以雅典為例，真正能參與民主政治的人口約百分之十五。（詳〇三〇頁）

前776年

希臘

舉行以祭神為目的的四大競技會，其中一個即是名為「奧林匹克」的運動會。限定希臘人參賽，最原始的五大項目是二百和四百公尺賽跑、立定跳遠、擲鐵環、標槍，且女性不得參加，男性不得著衣。獲勝者會替整個城邦帶來榮譽，雖然只得到橄欖桂冠，但之後有無限尊崇，如不用繳稅、免服兵役，劇場中有專屬座位、公共場所會立雕像，並有終身津貼，去世後還有專屬神廟。

(約)前770年

中國

西周滅亡，東周建立，進入春秋與戰國時代。

單位：年

西元	地區	大事
前753年	義大利	根據傳說，被狼養大的羅慕路斯於羅馬建城。
前750～前612年	兩河流域	亞述帝國全盛期。
(約)前722年	西亞	以色列亡於亞述，大批異族與當地猶太人混居為「撒馬利亞人」，至今仍生活在巴勒斯坦，追尋摩西精神，信奉舊約《聖經》前五卷，並自認為最古老的猶太人，但和現在的以色列人互相敵視。
前700年	義大利	伊特拉士坎人在羅馬建立王政。
前683年	希臘	希臘雅典奠定由任期一年的執政官輪流執政的政治制度。

單位：年

西元	地區	大事
(約)前600年	印度	印度出現反對婆羅門教種姓制度思想的浪潮，反對者統稱為「沙門」，是日後佛教及耆那教的前身。(詳〇二七頁)
前598年	西亞	新巴比倫尼布甲尼撒征服耶路撒冷，滅猶太王國，猶太人成為「巴比倫之囚」。
前587年	西亞	猶太人的耶路撒冷聖殿被毀。
前582～前507年	歐洲	希臘數學家、哲學家畢達哥拉斯生卒年(一說前五七〇至前四九五年，詳見〇三一頁)。
前563～前483年	印度	佛教創始人釋迦牟尼出生。

前625年
伊朗
波斯人瑣羅亞斯德創立祆教。

前624～前546年
希臘
哲學家泰勒斯出生。精通天文且經商有道，有西方哲學之父的稱號，對哲理追求跳脫宗教觀念，而與自然科學相關，認為萬物本源於水，是「米利都學派」的代表人。

前613年
中國
據中國史書《春秋》記載，此年偵測到哈雷彗星，是世界上對於哈雷彗星的最早紀錄。

前612～前539年
兩河流域
新巴比倫帝國全盛期。

前559～前330年
伊朗
波斯帝國。

前556～前451年
中國
魯國史官左丘明出生，代表作品為《左傳》及《國語》。多行不義，必自斃、知過能改，善莫大焉、一鼓作氣等成語即出自《左傳》。

前551～前479年
中國
孔子出生。孔子的道德觀和哲學思想，主宰華人世界乃至東亞文化圈近二千年而不墜，雖然批評者偶有為之，但整個社會大體願意且努力遵循他所形塑的善惡價值觀。西方世界常以「孔教」或「儒教」稱之，認為唯有宗教力量才能讓眾人如此信服。

前550年
中國
後人推估老子生卒年間，實際紀年不詳。

單位：年

西元	地區	大事
前540～前468年	印度	耆那教創始人「伐達摩那」生卒年。（詳〇三六頁）
前539年	兩河流域	波斯征服新巴比倫。
前538年	西亞	波斯王居魯士允許被流放的猶太人重返耶路撒冷。
前530年	希臘	畢達哥拉斯創立盟會。
前525年	埃及	波斯征服古埃及。
前525～前456年	希臘	悲劇之父埃斯庫羅斯（Aeschylus）出生。

單位：年

西元	地區	大事
（約）前500年	印度	佛教誕生。（詳〇三七頁）
	印度	波斯征服印度河谷地。
	中美洲	馬雅出現文字，用華麗圖案記載日期、家世和對外作戰的勝利。
前500～前449年	歐洲	波希戰爭爆發。
前496～前406年	希臘	悲劇家埃斯庫羅斯（Sophocles）出生。
前490～前430年	希臘	哲學家芝諾出生。

前522年　伊朗

波斯大流士登基。

前520年　伊朗

波斯帝國代表宮城，波斯波利斯城動工。

前509年　義大利

羅馬脫離王政，建立共和政體，國家政務由以下機構分權進行：公民大會，理論上的國家最高執政機構；執政官兩名，任期一年，貴族出身的他們握有實權，出巡時的隨從「法西斯」，肩上會扛著斧頭（棍束），可鞭打犯人、砍頭，成為權力來源與代表；元老院由退休的執政官和貴族組成，任期為終身制，具絕對的影響力；護民官則由平民選出，以制衡上述貴族勢力。

前508年　希臘

雅典克里斯提尼推動改革。

前484～前425年　希臘

史學家希羅多德出生，代表作《歷史》，是西方文學史第一本完整流傳下來的散文作品。

前480～前406年　希臘

悲劇家歐里皮底斯（Euripides）出生。

前479～前404年　希臘

提洛同盟建立。

前479～前376年　中國

後人推估中國哲學家墨子生卒年間，但實際紀年不詳。

單位：年

西元	地區	大事
前469～前399年	希臘	哲學家蘇格拉底出生。雖然沒有留下任何著作，但一般認為他是倫理學宗師，重視形而下甚至形而上的抽象哲學，迥異於同時代探究上帝與人的起源的希臘哲學家；和其他希臘哲學家相同的是，蘇格拉底也認為「數學」是最能訓練思考和邏輯的學科。
前461年	希臘	伯里克斯出任雅典行政官員，之後直至前四二九年，他都是雅典政治實質上的主宰，以才幹、正直及口才著稱。
前460～前370年	希臘	醫學家希波克拉底出生。在科學尚不發達的上古時代，他將醫學與巫術分離，成為一專門學科，他所訂下的誓言，更是至今大部分醫生在投入醫業時，一定要背誦的綱領，其中重要精神包括：「病患的健康生命是我首要顧念」、「我將嚴守病患寄託予我的祕密」、「我將對病患負責，不因任何宗教、國籍、種族、政治或地位不同而有所差別」、「即使面臨威脅，我的醫學知識也不與人道相違」等。

單位：年

西元	地區	大事
前447～前432年	希臘	為感謝雅典娜女神保佑雅典人於波希戰爭取得勝利，希臘興建帕德嫩神廟。
前431～前404年	希臘	伯羅奔尼撒戰爭爆發。
前431年	希臘	戲劇家歐里皮底斯完成代表作《美狄亞》（Medea），戲中批判男女不平等，並鼓勵女性追求自己想要的愛情。
前430年	希臘	埃斯庫羅斯完成代表作《伊底帕斯王》（Oedipus），伊底帕斯在這部戲裡難逃命運的安排，而戀母弒父，讓「伊底帕斯情結」成為戀母情結的代名詞。

前460～前370年　希臘

哲學家德謨克利特出生，其認為世界是由無限小的、不滅的、不可再生的「原子」構成，但當時並沒有任何科學方法可以證實他的所言是否正確。

前460～前395年　希臘

史學家修昔底德出生，其名作《伯羅奔尼撒戰爭史》，詳細記錄斯巴達與雅典爭奪希臘霸主的這場決定性戰役，成為史書編纂範例。

前450年　義大利

羅馬頒布《十二木表法》。最重要的法條精神為「在被證明有罪前，任何人都是無辜的」及「法律之前人人平等」，直到今日還是西歐各國的立法根源。

前448～前386年　希臘

喜劇大師亞里斯多芬（Aristophanes）出生。

前427～前347年　希臘

哲學家柏拉圖出生。和老師蘇格拉底不同，柏拉圖著作頗多，對話集《理想國》為代表作，不但是倫理學家也是政治理論家。柏拉圖也認同數學是最能培養理性思考的學科，尤其幾何學，其認為那是所有學問的根源。

希臘

戲劇家埃斯庫羅斯完成代表作《波斯人》（Persians），以波希戰爭為背景，主題是讚美為國捐軀的戰爭士兵。

前403年　中國

「三家分晉」，春秋時代結束，進入戰國時代。

前400年　印度

推估史詩《摩訶婆羅多》、《羅摩衍那》出現時期；此時雅利安人從印度河擴張到恒河一帶並以之為中心，已完全擺脫游牧社會，進入農耕。《摩訶婆羅多》流傳於社會各階層，篇幅是荷馬史詩《伊利亞德》、《奧德賽》的七倍之長；《羅摩衍那》的藝術性較強，詩中描述婆羅門教理想的男人與女人形象。

單位：年

西元	地區	大事
前384～前322年	希臘	哲學家亞里斯多德生卒年。蘇格拉底學派最後一位傳人，但他的哲學觀已與蘇格拉底有所差異，更像是個科學家，且所涉及的領域更廣，從政治、語言到物理都有相關著作。
前383年	印度	佛教分裂為上座部和大眾部，即大乘和小乘。
前373～前288年	中國	孟子生卒年。孟子是孔門學派最重要的傳人，一般以「孔孟」並稱。
前369～前286年	中國	後人推估道家思想代表人物莊子的生卒時代。（詳〇三四頁）

單位：年

西元	地區	大事
前327年	印度	希臘馬其頓亞歷山大進入印度河流域，這是印度史第一次留下可考的歷史年代。
前325～前265年	埃及	科學家歐幾里德生卒年。其蒐集希臘時代所有學者的數學研究成果，詳加整理、系統化後匯整為十三卷的《幾何原本》，直到十九世紀都是西方世界的數學權威。
前323年	印度	印度孔雀王朝建立。
前312年	歐洲	羅馬建立第一條大道和引水道，大道長二百一十二公里。

前352～前281年　中國

楚辭代表詩人屈原出生。

前342～前270年　希臘

哲學家伊比鳩魯生卒年。其力奉教學有教無類，女性、奴隸都可以是他的學生，主張人生以單純的快樂為目的，只要少慾知足、不畏懼神、不畏懼死亡即可。

前336年　希臘

馬其頓亞歷山大登基。他僅花費短短九年就建立了西起巴爾幹半島，東至印度河流域，北達裡海，南至埃及的廣大帝國，統稱「希臘化世界」。

前330年　西亞

亞歷山大征服巴勒斯坦。

前305年　埃及

托勒密王朝建立「亞歷山卓學術研究中心」，設天文觀測所、動物園、植物園、解剖室，和當時世界上最大規模的圖書館，藏書近七十萬卷。研究中心不論王朝更迭，持續近六百年，尤以保存歐幾里德的學術成就而至為重要。

前287～前212年　西西里島

希臘科學家阿基米德生卒年。

前273～前232年　印度

印度孔雀王朝進入阿育王統治時代。

前265年　義大利

羅馬統一義大利半島。

單位：年

西元	地區	大事
前264～前146年	地中海	迦太基與羅馬爆發三次布匿克戰爭。
前264年	義大利	羅馬角鬥士格鬥表演第一次見於記載，最初為一名貴族替家人辦葬事所安排的節目。（詳〇三八頁）
前221年	中國	秦王政統一中國，建立秦朝，並於隔年開始修建萬里長城。
前220年	義大利	羅馬蓋第一座競技場。
前218年	義大利	迦太基漢尼拔帶大象進攻羅馬城，碰上以拖待變的羅馬將領費邊，漢尼拔多次發動戰事，費邊均相應不理，僅如影隨形跟著漢尼拔紮營、前進，慢慢消耗漢尼拔的軍力與士氣。後世發源於英國的社會主義團體，即因主張這種類似的緩進政策而被稱為「費邊主義」。

單位：年

西元	地區	大事
前133～前121年	義大利	羅馬格古拉兄弟改革。兩兄弟都曾任護民官，任內皆推行土地改革、主張增加平民權利、削減元老院力量，最後都遭暗殺身亡。
前106～前43年	義大利	拉丁散文泰斗西塞羅生卒年。（詳〇四二頁）
前100年	中國	造紙術開始發展。
前73年	義大利	羅馬奴隸斯巴達克斯反叛，持續近兩年，人數最多時有十幾萬人響應，可惜最後失敗，幾乎全數被屠殺。

前210年　中國

秦二世登基。

中國

後人推測史書《戰國策》約成書於此，亡羊補牢、狡兔三窟、物以類聚等成語皆出自此書。

前202～8年　中國

劉邦創立（西）漢朝。

前200年　歐洲

羅馬擊退迦太基漢尼拔，征服全義大利。

前146年　地中海

地中海成羅馬共和內海。羅馬初始不重視海軍，直到布匿克戰爭對上強大的迦太基海軍，才自行學習打造船隻、發展海上軍力，終成功將地中海收為內海。

前145～前86年　中國

中國西漢史官司馬遷出生，一說西元前一三五年。後世推估《史記》成書於西元前一二二年至西元前九十一年。（詳〇三九頁）

前65年　歐洲

羅馬凱撒替父親辦葬禮時，動用六百四十名角鬥士表演，數量之多，羅馬因此立法，限制每個人所能擁有的角鬥士人數，除了防止斯巴達克斯事件再次發生，也防堵凱撒藉此養兵自重。

前64年　西亞

龐培將今敘利亞收為羅馬共和一省。

前63年　義大利

羅馬西塞羅出任執政官。

前59～17年　歐洲

羅馬歷史學家李維生卒年。

前51年　義大利

羅馬凱撒發表《高盧戰記》，共八卷，他親筆前七卷，其文實用性高、雅俗共賞，文藝復興後成為世人學習拉丁文的入門讀本。

單位：年

西元	地區	大事
前27年	義大利	屋大維帶領羅馬帝國進入帝國時代。
	義大利	羅馬歷史學家李維發表第一卷《羅馬史》，全書總計一百四十二卷，自羅慕路斯建城至西元九年，奠定西方修辭史學的傳統，初始目的為培育品德教育。最後一卷發行時間不明。
前4年	西亞	耶穌誕生。
23～79年	義大利	羅馬作家普林尼出生。代表作《自然史》共三十七卷，是統整當時代科學的百科全書。維蘇威火山爆發時，他一心想蒐集資料，因此受傷身亡。
25年	中國	劉秀創立東漢。

單位：年

西元	地區	大事
96～180年	歐洲	羅馬帝國進入「五賢帝」時代。
100～168年	埃及	天文學家托勒密生卒年。著作《天文學大全》、《地理學入門》一直到十六世紀都是該學科在西方世界最重要的著作，其著作論述太陽、月亮及行星的運動規律，提供一千零二十二顆恒星的位置及亮度，和日月蝕及曆法的推算模式。托勒密認為宇宙以地球為中心，長期以來支配西方人的思想，直到哥白尼時代才打破。
100年	歐洲	羅馬帝國皇帝圖拉真為慶祝征服達契亞（今羅馬尼亞）而豎立高柱，上頭的文字詳細描述戰爭所有過程與一切事蹟，是後人了解羅馬軍事制度的重要史料。
105年	中國	宦官蔡倫發明造紙術。

55～116年 義大利

羅馬史學家塔西陀（或譯泰西塔斯）出生。代表作為《歷史》、《編年史》和《日耳曼人誌》，持高道德標準，主張史學家要有目的的指責，讓邪惡之人有所警惕。與西塞羅、李維並稱為拉丁散文三大家。

64年 歐洲

羅馬發生大火，皇帝尼祿指控此為基督教徒所為。

70年 西亞

羅馬皇帝提圖斯摧毀猶太聖殿，羅馬帝國完全併吞巴勒斯坦。所遺留的一堵牆，即為今日耶路撒冷「哭牆」，由於聖殿被毀，猶太人自此只能在私下進行宗教儀式，養成猶太教不對外開放的傳統，舉行地點演變成今日的「猶太會堂」。

79年 義大利

火山爆發，淹沒羅馬龐貝城。

80年 義大利

羅馬帝國圓型大競技場落成，可容納五萬名觀眾。

113年 兩河流域

圖拉真皇帝占領兩河流域，羅馬帝國版圖擴展至極致。

117年 義大利

哈德良皇帝登基。為解決羅馬帝國的需求與問題，他放棄四處征伐，而改強化防禦工程，在位期間大概花了十年的時間在帝國各地巡視。哈德良熱愛希臘文化，也是個優秀的建築師，萬神殿就是他的設計作品。

122年 英國

哈德良皇帝於今大不列顛島修建長城，以防止「外族」如皮克特人入侵，為羅馬帝國最北邊界，全長一百一十二公里。

129～199年 西亞

羅馬醫學家、藥學家蓋倫於小細亞細出生。他將當時的醫學成就彙整成一套百科全書，也進行關於血液循環的實驗，後世認為他是第一個實驗醫學家，相當重視養生法。

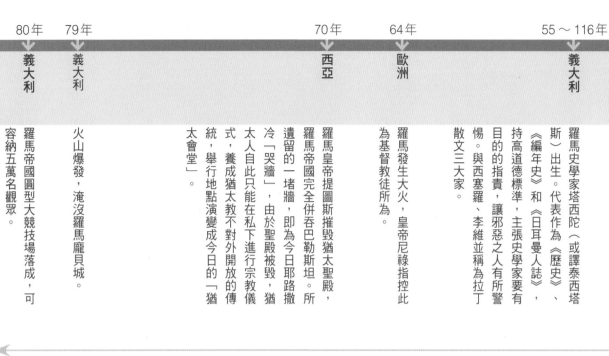

單位：年

西元	地區	大事
135年	西亞	哈德良皇帝平定猶太人叛亂，禁止猶太人進入耶路撒冷。
161年	義大利	羅馬皇帝奧理略登基，他是五賢君最後一位皇帝，任內頒布禁止將奴隸轉賣為角鬥士的政策，但羅馬人看角鬥士格鬥的習慣，直至帝國於五世紀滅亡後才結束。
208年	中國	曹操、孫權與劉備爆發赤壁之戰。
212年	歐洲、西亞、北非	羅馬帝國所有居民都取得公民身分，有義務繳稅。
225～295年	中國	數學家劉徽出生。創立求解圓周率的割圓術，並已懂得運用極限觀念。
229年	中國	中國進入三國時代。

單位：年

西元	地區	大事
311年	中國	西晉爆發永嘉之亂，異族大量進入中國。
312年	義大利	羅馬帝國皇帝君士坦丁興建凱旋門。帝國時代，皇帝是武裝部隊的最高領袖，皇帝若御駕親征，取得勝績回國時，就會舉行「凱旋禮」以慶祝，由塗上紅臉的皇帝（象徵天神）領軍遊行，展示戰時得到的俘虜和財富，之後通過為他們修建的拱門，即「凱旋門」。
313年	義大利	羅馬皇帝君士坦丁頒布《米蘭詔令》，基督教成為合法宗教。
325年	土耳其	羅馬帝國於尼西亞（Nic-aea，今土耳其西北）召開宗教會議，確立基督教「三位一體」概念。

265～316年
中國
司馬炎創立（西）晉朝。

283～343年
中國
東晉陰陽學家葛洪出生。陰陽學講求的金木水火土相生、相剋關係，與萬物皆可調和、互補的理論，是中醫之本，也是道教煉丹術的理論基礎。葛洪所著的《抱朴子》，清楚解釋煉丹時所用的汞、鉛、硫等物質變化，雖然是為宗教目的，但在經由阿拉伯人西傳至歐洲後，成為「化學」一學科的起源。

284年
義大利
羅馬皇帝戴克里先登基。首創「四帝共治制」，兩位皇帝（奧古斯都）共同執政，並由兩位副帝（凱撒）協助，皇帝任期結束由副帝補上，以期杜絕軍人干政、帝位繼承不穩的亂象。

306～337年
義大利
羅馬皇帝君士坦丁登基。

330年
土耳其
羅馬皇帝君士坦丁遷都今土耳其伊斯坦堡，命名為君士坦丁堡。

336年
中國
甘肅省敦煌莫高窟石窟開鑿，時為五胡十六國的北涼，歷經十個朝代至元朝才告一段落。主要以佛祖塑像為主，內容多圍繞佛像或佛教故事，現存彩塑二千四百多尊、壁畫二萬五千公尺，以規模最大、保存最好的中國佛教寶藏聞名於世。

383年
中國
東晉與北方政權前秦爆發淝水之戰，決定南北對立局勢。

392年
義大利
羅馬皇帝狄奧多西確認基督教為帝國唯一合法宗教。

394年
義大利
羅馬皇帝狄奧多西將帝國一分為二，並宣布取消奧運，這時已經舉辦二百九十三屆，歷時一千一百六十九年。

MEMO

MEMO

MEMO

MEMO

中古史（五至十五世紀）

在西元四七六年西羅馬帝國滅亡後至十五世紀是中古時代，歐洲進入文明衰退的黑暗時代，相反的，在東亞有繁盛的唐帝國，西亞逐漸興盛的有阿拉伯帝國，中美洲的代表文化為馬雅。此時封建制度是西歐政治、社會、經濟、軍事的基石，有些國家甚至維持到十九世紀此制度才逐漸轉變、消失。

在十一世紀左右，塞爾柱土耳其人崛起，多次威脅拜占庭帝國，並阻擋基督徒至耶路撒冷朝聖，於是羅馬公教教皇展開了維持近兩百年的「十字軍東征」。到了十四世紀遭到黑死病的侵襲，原本居住於農村的歐洲人四處逃難至城市，造成莊園經濟崩解，促進社會階級流動，因而產生新興的、定居於城市的「中產階級」。

單位：年

西元	地區	大事
403～444年	中國	《世說新語》作者劉義慶出生。《世說新語》具體而微的記錄下魏晉南北朝時代世家大族的生活方式與思想行為。隨著時政的日趨黑暗，知識分子評論面也越來越抽象，從東漢時講求的入世「清議」，轉而為出世「清談」。（詳〇七一頁）
412年	西班牙	日耳曼部落西哥德人在西班牙南部建立王國，是日耳曼民族建國之始。
420年	中國	劉裕滅東晉，以「南朝宋」取而代之。

來自印度的宗教：佛教

佛教於西元前六世紀即創於今印度半島，但傳入中國日期今已不可考，只知道至少在東漢初年時，即西元一、二世紀左右時，貴族中已有信眾信仰佛教；魏晉時，因社會長期處於動蕩不安，人民對宗教的需求大增，上層階級追求玄學、清談與道家的「無」，下層階級和外來政權則遁入佛門追求「空」的境界，使佛教大盛，北魏開鑿石窟、南朝梁皇帝出家等事時有所聞，而最能記錄這一切佞佛之風的，就是楊衒之所撰的《洛陽伽藍記》。

魏晉時代，對佛教中國化最大的貢獻就是經典的翻譯與整理、教義的闡揚與宗派的醞釀，和各個門派的成形，尤其鳩摩羅什的到來，中國人才得以吸收與了解原始佛教的理論。至

⇩北魏時期的石雕佛像

429～500年　中國

數學家祖沖之生卒年，南朝宋明帝時，他最廣為人知的貢獻是以劉徽「割圓術」為基本，精確算出圓周率至小數點後第七位；其子祖也繼續劉徽的研究成果，發現求得球體面積的正確公式，比歐洲早一千多年。

439年　中國

鮮卑族建立的北魏統一整個中國北方，與南朝宋成對峙局面，即中國歷史上的「南北朝」。

⇧鳩摩羅什的舍利塔

唐，中國境內的佛教已成熟且完全本土化，在帝王的提倡與獎勵下，僧人往來天竺與中國傳譯經典不絕，最著名的例子即是玄奘；加以天可汗時代的繁榮，與各路交通的暢通，讓長安成為佛學重鎮。中國化的佛教在與道家思想相結合後，衍生許多派別，最著名的為天臺、華嚴與禪宗，他們皆注重個人的心靈與自由，主張佛法不離世間，著重圓融精神，且都認為人人皆可成佛。

唐後，佛教儼然已是中國宗教，直至今日，東亞信眾也遠勝印度本土。事實上，就中國文化史而言，佛教是第一次大規模移植的外來文化，而在它融入中國文化後，也影響了中國本土固有宗教——道教的發展與內涵。

⇨玄奘遠赴印度取經

單位：年

西元	地區	大事
453年	中國	山西雲岡石窟開鑿，以北魏皇室為首，由高僧曇曜主持，之後唐、遼、明、清等歷朝歷代都多次增修，今日有五十三個石窟，共五萬一千多尊佛雕，融合西域、印度、甚至是阿富汗的風格。
455年	義大利	日耳曼部族汪達爾大肆侵略、破壞羅馬城文物、古蹟，後人因此以「汪達爾主義」形容極為粗野且全面的破壞行動。
476年	義大利	日耳曼部族西哥德人滅亡西羅馬帝國。今法國由法蘭克人掌控，義大利半島割據為東哥德、倫巴王國，西班牙為西哥德人勢力，北非建立汪達爾王國，盎格魯・撒克遜人則約在六世紀於不列顛島建國。

中國本土宗教：道教

道教是中國土生土長的宗教，廣泛流傳於民間，尤其是中下層階級，因為教義簡單，沒有什麼需要解釋的經典，也沒有繁瑣、嚴肅的儀式，是人人皆可親近，輕易即可尋求心靈安慰的宗教。

道教源自民間巫術和神仙方術，並聲稱衍生自老莊無為而治哲學，且以《道德經》為宗教名，但當然，老莊思想完全沒有宗教成分可言，一切純為後人附會。此外，道教還吸收儒、佛及陰陽家思想，主要教義是重生、樂生，鼓勵信眾以修煉、吃仙丹、喝符水的方式成為神仙。

道教的理想世界也和一般宗教不太相同，分世俗與宗教兩種，世俗在現世追求公平、和平，宗教追求的則是仙境，超脫生死，無憂無慮；且人不用死亡後才能達到這個境界，只要你潛心修煉，自然會長生不老，羽化為神仙。中國講求的氣功、太極拳及武當派等特有文化，都源自道教追尋讓人長生不老的練功法。

最能說明道教精神的是廣為人知的「八仙過海」故事，描述鐵拐李、漢鍾離、呂洞賓、張果老、何仙姑、曹國舅、韓湘子及藍采和成為神仙的過程；事實上，這八個人代表的男女老幼、貧富貴賤，正說明道教的中心思想：只要你願意，人人都可以是神仙。

493年 中國
北魏孝文帝遷都洛陽，積極漢化以求融入中原文化。

495年 中國
在北魏王朝主持下，開鑿河南龍門石窟。

496年 法國
法蘭克王國首領克洛維率領部落近二千人皈依基督教，開啟該王國與羅馬教會的合作關係。

527～565年 土耳其
拜占庭（東羅馬）查士丁尼大帝登基。

529年 土耳其
拜占庭查士丁尼大帝關閉柏拉圖創建的雅典學院，禁止非基督徒的異教徒從事教育工作。

義大利
基督教教士本篤創立「本篤會」，要求修士以貞潔、安貧及服從為終身誓言。

書香世家．門當戶對：世家大族

自西漢開始，由於漢武帝獨尊儒術，國家選拔人才時也以儒學經典為本，日久，經學便成為某些家族世代相傳的學問，而這些家族也得以壟斷官職和國家經濟，享有崇高的社會地位，即所謂的「世家大族」。

東漢末，朝政混亂，知識分子轉為內斂，不再關心群體秩序和現實政治，而只關切如何壯大家族力量，這讓「世家大族」不論在政治、經濟還是社會都形成一特殊且息息相關的利益共同體，這種強烈的集體自覺表現在外即是評論人物、容貌、才性風氣的盛行。雖然世族並非統治階層，但由於他們在各個層面皆具有不可動搖的影響力，使得外來政權不得不和他們合作以爭取支持，在東晉乃至南朝時更形成中國史上少見的貴族政治。世族代表為自北方南下的王謝袁蕭四大家族，史稱「王與馬，共天下」，馬指的是晉國姓司馬氏，由此即可看出世族的政治力量。

而為了鞏固自己家族的地位，世族大多彼此互相通婚，講求門當戶對，較高階級的世族也不與較低階級的世族通婚，甚至不願與之交談，就連皇帝想和他們通婚，都要考慮再三，怕被世族拒絕。六世紀初時，北方東魏降將侯景歸順南朝，欲娶王謝兩家的女兒，以提高自己的身分地位，當時的皇帝梁武帝就勸阻侯景，王謝門第過高，不妨向較低的世族求婚；侯景懷恨在心，後舉兵叛變盡殺王、謝兩家，世族政治就此一蹶不振。

單位：年

西元	地區	大事
532年	土耳其	拜占庭帝國發生「尼卡暴動」，查士丁尼大帝順勢確立皇帝政教合一的地位。
533～544年	中國	北魏農學大師賈思勰著農業百科全書《齊民要術》。
537年	土耳其	拜占庭帝國聖索菲亞大教堂落成。教堂外部因著名的圓頂設計成為拜占庭帝國象徵藝術建築成就；內部以鑲嵌絢麗多彩的圖案及玻璃片為一大特色。

拜占庭馬賽克

西元四七六年，西羅馬帝國滅亡後，東羅馬帝國仍持續統治小亞細亞，及今日的敘利亞、巴勒斯坦及埃及一帶。至六一〇年左右，東羅馬帝國的統治範圍、民族，及官方語言（希臘文），都和羅馬帝國（拉丁文）時有所差別，因此其首都「拜占庭」，漸漸取代東羅馬字樣，而成為這個帝國的正式名稱。

拜占庭人擅長細部雕刻，如以象牙、寶石或玻璃等為素材的彩色雕刻，先以石膏漿打底、待乾燥後，再於平整的立面上以石膏筆勾勒出輪廓和畫面線條，並標注所需色形，之後嵌至牆面、地上等建築各處，最後填縫、拋光；人物則多為扭曲、變形，以突顯虔誠和莊嚴之感。拜占庭的公共建築、民眾聚會場所、市集地板及私人建築，都以這種鑲嵌藝術裝飾，音譯即為「馬賽克」（Mosaic）。

雖然馬賽克裝飾藝術起源於希臘古典時代，但隨著基督教會勢力的成長，以及信徒人數的增加，教堂的聖像裝飾畫就不再只鋪設於地板，因此轉向牆壁、柱飾，甚至直達穹頂，而當畫面轉向正面，加上作畫面積的擴大，題材自然就更好發揮，因此在拜占庭帝國時代，尤其是四世期中期至六世紀末時，馬賽克發揚光大，甚至成為這個帝國的代名詞。

547年 中國
楊衒之寫下集文學、史學、地理與宗教價值於一身的《洛陽伽藍記》，「伽藍」即佛寺的意思。四世紀初時，全中國只有五十間上下的佛寺；但至六世紀中，光北方就有一千多座佛寺。這驚人的數量，既反應亂世下老百姓尋求宗教慰藉之渴望，也反應朝政上下一股佞佛之風，讓楊衒之深有感觸。

552年 日本
佛教傳入日本。

581年 中國
楊堅創立隋朝，之後統一中國。

593年 日本
在貴族蘇我氏支持下，推古女皇登基。

604年 日本
聖德太子頒布《十七條憲法》，推行改革。

伊斯蘭教的起點：黑蚩拉

伊斯蘭教的創始人穆罕默德一開始是在麥加傳教，但屢受當地貴族古萊氏迫害，最後只得選擇出走至雅特里布（Yathrib），並將當地更名為「先知之城」麥地那，這個舉動，伊斯蘭史稱「黑蚩拉」，即出逃之意。

會選擇到麥地那，是因為該地歷來受到猶太教、基督教，甚至希臘、羅馬的影響，比起麥加來說相對開放；而穆罕默德也順利在此傳教成功，他不但在此建立起第一座清真寺，還有計畫於此將信徒組織成既是同宗教、也是同政權的團體，決定伊斯蘭世界之後「神權政治」的傳統。「黑蚩拉」一事對伊斯蘭世界來說至關重大的第二個原因，在於穆罕默德的傳教之路由此得以開始向外擴張，由於這決定性的事件，伊斯蘭曆即以此年為紀年元年。

在麥地那取得成功後，穆罕默德進一步集合當地力量，反攻麥加，終於在六二八年，成功的迫使麥加貴族古萊氏與其達成協議，讓穆斯林可至麥加聖地「天房」朝聖。至六三〇年，穆罕默德終於成功令古萊氏皈依伊斯蘭教，隨之而來的影響力，是幾乎整個阿拉伯部族都成為穆斯林，雖然此時整個阿拉伯半島的信仰、政治中心仍為麥地那，穆罕默德終究得以率領信眾重返麥加。

⇩麥加聖地「天房」

608年 沙烏地阿拉伯

位於今沙烏地阿拉伯的麥加建立「天房」，又名「卡爾白大院」，是阿拉伯半島遊牧時代的重要聚集地，四周懸掛的絲絨帷幕，若干年會更換一次，阿拔斯王朝建立後接下這個重任，成為阿拉伯世界政權的承認象徵。

610年 沙烏地阿拉伯

穆罕默德創立伊斯蘭教。（詳〇七四頁）

622年 沙烏地阿拉伯

穆罕默德出走至麥地那，史稱「黑蚩拉」，伊斯蘭曆即以此年為紀年元年。（詳〇七三頁）

⇧信徒向哈里發表示效忠

哈里發與伊斯蘭教派

穆罕默德最早在今沙烏地阿拉伯中西部的麥加傳教，七世紀中葉因不容於當地固有貴族勢力而遷移至麥地那。從麥加跟隨穆罕默德的信徒稱為遷士，僅約八十人，而在麥地那皈依的信徒稱為輔士；遷士和輔士是伊斯蘭教最早信眾，除尊崇《可蘭經》外，也遵守阿拉伯傳統社會規範，稱「遜尼派」（Sunni），意為「正宗派」。

穆罕默德過世後，遷士認為自己出身麥加貴族古萊士，又是最早皈依的穆斯林，理應繼承穆罕默德的領導地位。這個說法引起輔士與以阿里為首的穆罕默德家人不滿，最後，輔士強力主張他們在麥地那追隨先知，才讓伊斯蘭教得以向世界傳播，加上阿里派忙於穆罕默德的喪事，而讓輔士占了上風，取得領導人地位，即「哈里發」。

最初的四個哈里發皆出身貴族、依照氏族傳統由眾人共同推選而出，有「正統哈里發」之稱。但第四任奧斯曼出任哈里發時，阿拉伯帝國統轄範圍已相當廣大，不再是過去那個貧脊的沙漠，因此，社會階級的分化也越來越明顯。奧斯曼過世後，遜尼派仍堅持哈里發當由古萊氏出任，因而與阿里派發生衝突，最後阿里派敗於奧斯曼繼承者穆哈維雅，穆哈維雅建立以大馬士革為首都的奧馬雅王朝，並大舉迫害「阿里黨徒者」，即什葉派（Shia）；至八世紀阿拔斯王朝建立後，什葉派處境更為艱難，一直到十世紀左右，他們才得以在埃及建立自己的王朝——法蒂瑪。

今日，什葉派仍以擁護穆罕默德後人為宗、只以《可蘭經》為圭臬，占現今伊斯蘭世界百分之十五左右，主要分布在伊朗、巴基斯坦及印度等地；遜尼派則成為「非什葉派」的統稱，占有整個伊斯蘭世界百分之八十以上的信眾。

伊斯蘭教的興起與教義、宗教制度

伊斯蘭這個字的原義是「追求和平」，也可解釋為降服，相對於衝突或戰爭；而依循真主阿拉指引、服從真主、先知之人即為「穆斯林」，也就是伊斯蘭教徒，身為穆斯林必須遵守以下規範。

謹守六信

- 信阿拉：伊斯蘭教最根本的中心思想。阿拉為世界之主，創造萬世萬物，無所不知且是唯一的神，任何人、團體都不得藉阿拉名義操縱信徒。
- 信天使：天使為阿拉的使者與人類的朋友，信徒只能信仰不能崇拜，天使長名伽百列，這點與基督教思想相同。
- 信經典：雖然穆斯林承認新、舊《聖經》都是真主的經典，但它們都已被篡改過，唯一能相信且應該要相信的經典，就是《可蘭經》。
- 信先知：穆斯林之名，即是來自「相信真主與先知之人」。
- 信來世：穆斯林相信末日審判，認為善者終進天國、惡者下地獄。
- 信前定：宿命論的核心，一切現象都是阿拉預先安排，以祂的意志決定，人類無法違抗命運，只有承認和順從阿拉才是唯一出路。

遵守五功

- 念功：穆斯林必須時常背誦《可蘭經》。
- 拜功：穆斯林每天必須面對聖地麥加的天房朝拜五次，即晨禮、午禮、哺禮、昏禮及宵禮。每個禮拜五為「聚禮日」，要集合於清真寺禮拜。
- 齋功：於伊斯蘭曆九月行齋戒，黎明至落日時禁止飲食、飲水。
- 課功：或稱「宰卡特」，有能力的穆斯林，應以阿拉之名義，捐出財產所得的四十分之一為宗教稅。
- 朝功：在能力允許下，一個穆斯林一生至少必須去麥加朝聖一次。且朝聖期間，所有穆斯林不分種族、國籍、財富、階級，一律平等，相當成功的團結起全球穆斯林。

伊斯蘭教經典：《可蘭經》

《可蘭經》是信徒記載「先知」穆罕默德言行與教義的筆記，內容涵蓋宗教、文學、法制及道德習俗等，與其說是一本宗教經典，不如說是阿拉伯文化的百科全書。而關於這本宗教經典，穆斯林有著外人難以想像的嚴格標準與規範。

一、七世紀中後期哈里發奧斯曼發布以他為名的《可蘭經》版本後，伊斯蘭世界只能誦讀這個標準版的《可蘭經》，延續至今仍嚴格要求不得有一字之差。

二、不論是哪個國家的穆斯林，在任何場合誦讀《可蘭經》時，都只能用阿拉伯文。

三、隨著時代演變，外語譯本的《可蘭經》已不可避免，但這些譯本不得自稱《可蘭經》，它們充其量只能稱為《可蘭經譯本》，嚴禁取代奧斯曼版本。

《可蘭經》為伊斯蘭教唯一的經典，加上上述嚴格的傳播方式，讓阿拉伯文在伊斯蘭教世界扮演唯一能凝聚、傳播阿拉伯文化的重要角色，儘管現今世界上最大的伊斯蘭教國家是東南亞印尼，「阿拉伯」這個文化概念，仍等同於伊斯蘭教。

《可蘭經》是伊斯蘭教唯一的經典

單位：年

西元	地區	大事
626年	中國	玄武門事變，唐太宗李世民登基。
628年	沙烏地阿拉伯	麥加古萊氏貴族與穆罕默德達成協議，穆斯林可至位於麥加的「天房」朝聖。
630年	中國	日本首次派遣唐使至中國。
	沙烏地阿拉伯	麥加古萊氏貴族皈依伊斯蘭教。
632年	西亞	穆罕默德過世，開啟「哈里發繼承」時代。

⇨圓頂與尖塔是伊斯蘭建築的特色

伊斯蘭教文化特色

伊斯蘭文化，或稱阿拉伯文化，一般人對其的第一印象都是清真寺建築。的確，伊斯蘭教建築以「圓頂」為最大特色，因為圓頂既能象徵浩瀚、包容的統治思想，又能代表這個遊牧民族的起源：沙漠裡的帳篷；而圓頂周圍的「宣禮樓」，則為尖塔形式，也是象徵沙漠裡的棗林，和穆斯林挺拔堅忍的形象。

伊斯蘭文化發源於七世紀建立的奧馬雅王朝，但直至八世紀阿拔斯王朝時代後，才真正進入全盛時期，尤以阿拔斯王朝的巴格達、後奧馬雅王朝的哥多華，及法蒂瑪王朝的開羅，為重要的學術及文化中心。最能代表阿拉伯文化的重鎮為巴格達，尤其在阿拔斯哈里發麥蒙成立「智慧宮」後，語法學、修辭學、散文、詩歌、歷史、地理、哲學及自然科學等各項學科，都有了專業的研究機構，醫學更是伊斯蘭文化的偉大成就，當時的阿拉伯帝國已普遍施行外科手術。

受到政府鼓勵的影響下，帝國各地也興建許多學校、圖書館及天文臺等，據統計，八九一年時，重視教育的阿拉伯人在巴格達就有近一千棟座公立圖書館，這個城市聚集著信仰阿拉的穆斯林、信仰上帝的基督教徒，甚至是信仰祆教的波斯學者。記載下這一切繁榮、興盛景象的《一千零一夜》，則成為伊斯蘭教文化縮影的代名詞。

⇧巴格達是阿拉伯阿拔斯帝國的首都，也是文化重鎮

637年 敘利亞
穆斯林攻占今敘利亞首都大馬士革。

638年 西亞
穆斯林攻占耶路撒冷。

644年 西亞
哈里發奧斯曼即位。他任內編訂的「奧斯曼版」《可蘭經》為標準範本，至今仍是唯一權威。（詳〇七六頁）

646年 日本
孝德天皇即位，推動「大化革新」。（詳〇八一頁）

660～750年 敘利亞
阿拉伯穆哈維雅創立奧馬雅王朝，遷都至大馬士革。

668年 韓國
新羅統一朝鮮半島。

678年 敘利亞
阿拉伯奧馬雅王朝廢哈里發繼承制，改君主世襲制。

伊斯蘭教與猶太教、基督教

伊斯蘭教一開始的兩大聖地：麥加與麥地那，世代以來都有許多猶太人定居於此，主要是因為阿拉伯人與猶太人同為阿拉伯半島上的閃族。而根據舊約《聖經》〈創世記〉的說法，他們都是諾亞長子的後裔，希伯來語和阿拉伯語在結構、語法、字彙也非常接近，書寫方式也都是從右到左橫排。

伊斯蘭教的出現，一開始可視為對猶太教的創新，《可蘭經》也從舊約《聖經》擷取不少經典，如出現在舊約《聖經》中的亞伯拉罕，即是阿拉伯人口中的易卜拉欣，也是阿拉伯人的祖先。該教堅持嚴格的一神論也是受到猶太教的影響，兩個宗教都主張涵蓋信徒生活的各個層面，既是宗教信仰，也應該是政治組織，他們也都有相同的聖地，連節日方式與儀式都如出一轍。

而麥加與麥地那受到商旅貿易的影響，許多基督徒也會往來於此。在基督教影響下，伊斯蘭教有末日審判、死後復活及信仰天使等宗教思想，但不同的是，穆罕默德認為真主的神蹟與言行，任何人都無法傳導與引述，須靠信徒自己體會，因此於清真寺服務的「阿訇」，地位與重要性相比於基督教世界的神父、牧師或牧首等可說小了許多，與其說他們是神職人員，不如說是宗教學者。

⇧《可蘭經》中有不少經典源自舊約《聖經》

單位：年

西元	地區	大事
690年	中國	武則天稱帝以周代唐。
700年	東歐	斯拉夫民族陸續在今日俄羅斯西部、烏克蘭首都基輔一帶建國。
710年	日本	日本進入「奈良時代」。
715年	法國	法蘭克王國宮相鐵槌·查理創立采邑制，建立重裝騎兵。
717年	西班牙	穆斯林征服西班牙南部，此後阿拉伯人統治西班牙總計達七百八十年之久。
726～843年	土耳其	拜占庭帝國發起「反聖像活動」。羅馬公教在失去拜占庭帝國完全的支持後，加強與封建王國，如法蘭克政權的結盟關係。

旋轉的信徒：伊斯蘭教蘇非教派

儘管神職人員在傳教所能扮演的角色相當輕微，伊斯蘭教仍有貢獻於神學系統的專業學者，即「烏力瑪」（Ulama），他們的職司就是研究宗教與律法，並提出自己的看法；而相對於入世的烏力瑪，伊斯蘭教有沒有如同天主教修士、修女般出世的神職人員呢？答案是有的，蘇非（Sufi）教派即扮演了這個角色。

蘇非教派誕生於約七世紀末，有別於傳統伊斯蘭教臣服於神權政治，並將宗教寄託於現世生活的準則，這個教派強調沉思的作用力，主張應孤獨冥想、長期守夜，與外界澈底隔絕，認為真主阿拉的慈愛將帶給民眾希望，生活起居、一言一行皆遵守相當嚴格的戒律。但與天主教的修士、修女那樣絕對出世相比，蘇非教派大多仍隱隱於市，常托著缽於街頭遊盪，事實上，這個教派的原意即是「托缽乞丐」。

蘇非教派相信他們的宗師魯米，在連續旋轉三十六小時後得以悟道，從此，這個教派就以旋轉的舞蹈聞名於世，演變至今，甚至成為某些伊斯蘭國家的觀光項目。

⇧蘇非教派著名的旋轉舞蹈

732年
法國
法蘭克宮相鐵槌．查理於圖爾一役獲勝，擋住穆斯林進入西歐。

750～1258年
伊拉克
阿拉伯阿拔斯創立阿拔斯王朝，定都巴格達，即中國史書的「黑衣大食」。

751年
歐亞大陸
中國造紙術在阿拉伯人的傳播下，漸漸流行於中亞、西亞，至十二世紀時傳至西班牙。

751～899年
法國
法國進入加洛林王朝時代。

大化革新

四世紀時，今天的日本全島已在菊花王朝的政權之下統一，但直到六、七世紀，因為少與他國接觸的原因，日本並沒有建立起任何國家規模與典制，直到七世紀初聖德太子手握實權，才開始制定典章制度，並多次派遣使節至中國，學習中國的曆法、經典、文官制度。

七世紀中，孝德天皇仿照中國皇帝即位改元，以「大化」為年號，頒布《改新之詔》，以唐朝制度為範本，展開一系列改革，廢除傳統部民制、貢納制、世襲制，實行均田制，確立兵制、法制及學制，種種措施只有一個原則，以建立中央集權為目標。至八世紀，當時的天皇進一步仿照《唐律》，頒布《大寶律令》，確立了日本以天皇為最高統治者的中央集權制，日本至此進入封建社會。但和同時期出現的歐洲封建制相反，日本是因國家正在發展，需要努力統一並創建強大的中央政權才產生的封建制，不像歐洲是出現於中央政府瓦解、城市與經濟衰落的時期。

這時候的日本也開始產生「國風」，如片假名與平假名的誕生。不過，整個大化革新最重要的目的，還是希望擺脫氏族政治，完整達到皇室的中央集權；只是除了大量吸收唐風，成為漢化極深的國家外，大化革新並沒有達到原有目標，氏族政治還是在十二世紀建立幕府政治，完全稀釋菊花王朝的政治力量。

⇧古代日本人的生活圖

單位：年

西元	地區	大事
755年	中國	安史之亂爆發。
756年	西班牙	奧馬雅王朝後裔逃至今西班牙建立政權，一般稱為後奧馬雅王朝，即中國史書的「白衣大食」。
	義大利	法蘭克加洛林王朝的丕平三世進軍義大利，將中部土地獻給教皇，史稱「丕平獻土」，一般視為教皇國成立元年。
763年	日本	佛學大師鑑真於日本圓寂。鑑真為中國高僧，七四三年在日本政府的請求下，決定至日本弘法，但因海路不順而折返。之後多次出發，都因遇大風浪而無功而返，甚至有一次漂流至海南島。一直到七五三年，已近古稀的鑑真第六次出發，才終於成功抵達日本。七五九年，日本在今奈良建唐昭提寺內部供奉鑑真坐像，高二尺七寸，為鑑真圓寂姿態，今為日本國寶，每年只開放三天供人瞻仰。

東亞遣隋使與遣唐使

為制定典章制度，聖德太子多次派遣使節至中國，吸收當時的隋風。待隋朝滅亡、唐朝建立成為東亞霸主後，日本更大量、多次派出遣唐使，六三〇至八九四年間，共派出十九批，最後成功登陸唐朝京都長安的有十三批。

初始，一批遣唐使大都是一、兩百人乘著一、兩艘船，沿朝鮮半島抵達中國，七〇二至七五二年遣唐使的規模達到極盛，常常一批就五、六百人，且改走南路，經南方諸島抵達中國。日本政府將這些使節分為留學生和學問僧，能夠擔任遣唐使的使節，大多通曉經史、才幹出眾，且有良好的漢學素養。抵達長安後，留學生會進入國子監的六學館，專攻術業；學問僧在長安、洛陽等地學習佛法，或四處遊歷吸收學問。回國後，會得到天皇的特別召見，賞賜褒獎。

在這一來一往近三世紀的往返之間，日本可說是全面移植中國的政治、經濟、生產技術及生活習俗等各方面文化，京城格局、漢字、茶道、插花、和服，幾乎都是沿襲自中國唐風；儒學、佛學與道家精神也因此深植日本，成為日本文化不可分割的一部分。

⇧日本是個「唐化」極深的國家，圖為京都金閣寺

771年　法國

加洛林王朝國王查理曼即位。

794年　日本

日本進入「平安時代」。

800～850年　義大利

羅馬公教教皇李奧三世主動幫法蘭克國王查理曼加冕，向世人宣告了西歐在實質上與精神上都有獨立的能力。且為了鞏固統治、推行基督教，以爭取教會支持與文明的融合，查理曼推動以復興古典文化為主的加洛林文藝復興。

⇩封地領主有義務在戰時提供兵力

歐洲中古政治制度：封建

羅馬帝國瓦解後，今日西歐、北非被日耳曼人瓜分。占有土地的部落領袖，為了保持勢力並獎勵追隨者的奉獻，於是將土地分出去，而拿到這些封地的領主，則有義務在下一次戰爭時提供兵力，以報效分封者，如果他們不履行職責，封地就會收回。

這種將土地分封出去的方法即為「封建制度」，始於法國加洛林王朝，八世紀前後，國家實權者宮相鐵槌．查理，依靠中小地主組成的騎兵鎮壓內亂，於是將叛亂者與教會的土地，分給這些騎兵，即「采邑」。說穿了，其實就是一種遷就分裂現實的分權政治，沒有威望與實力的國王，只能藉由分散自己的政治權力，來換取安全感，和極為薄弱的統治權。九世紀後，領主對土地的權利轉為世襲制，但仍以服兵役為條件，封建主則可在轄區內發行簡單貨幣、制定初級法律。法國封建制度尤具代表性，施行度也最高，約十世紀普及至西歐各地，國王先是透過「采邑」形式，將土地分封給公爵和伯爵，公爵和伯爵留下一部分土地後，再以同樣原因，將土地分給男爵和子爵；男爵和子爵同樣留下部分土地，分封部分給騎士，因此騎士是封建制度這個金字塔的最底層。

層層分封之下，附庸只承認自己的上層領主，與再上層即無臣屬關係，也就是說，男爵只對伯爵有義務，對國王則否；且一個領主可以有許多附庸，一個附庸也可以有許多領主，十二世紀法國最大的諸侯「香檳伯爵」，一度有包括主教在內的九個領主。終整個中古世紀，封建制度都是西歐政治、社會、經濟、軍事的基石，有些國家甚至維持到十九世紀。

單位：年

西元	地區	大事
	歐洲	邀請歐洲著名學者至宮廷講學，認真學習語法、修辭、辯論、算術、幾何、天文和音樂等「七藝」，並命人大量抄寫古典時代及早期基督教著作；協助教會與修道院，以敕令的方法強制傳播基督教思想，在宮廷和各地設立一些學校。種種努力為西歐文化立下雛型，從此自成一格；拉丁文成為西歐各國官方語言，一直到十四、十五世紀的文藝復興。今日羅馬（Roman）印刷體前身即為加洛林小寫文字。
813～833年	伊拉克	阿拔斯王朝哈里發麥蒙即位，進入阿拉伯文化全盛時期，大馬士革興建天文臺、圖書館，巴格達設立專門研究機構，著名的「智慧宮」還有為數眾多的翻譯館，傳承希臘、羅馬、波斯等古典文化，催生持續近百年的阿拉伯文「翻譯運動」。

歐洲中古經濟制度：莊園

羅馬帝國時代，大農莊會僱用農奴來負責耕種土地，隨著帝國勢衰，影響到經濟，招徠農奴不再是件容易的事，轉而由自由民取代。帝國滅亡後，戰亂頻仍，自由農為求溫飽，主動將自己的身分降為奴隸，以求依附領主的保護。

八世紀前後，鐵槌．查理開始徵用部分教會土地做為封地，在分封過程特意縮小土地，而依附於這些土地的農奴，絕大多數可靠耕種自給自足，並可以生產簡單的手工藝品，且由於各地普遍缺乏大一統政府，貿易與商業極為稀少和困難，很多技術都只能父傳子。進入十世紀，莊園更顯制度化，且因法國面臨北方維京人的入侵，但加洛林王朝毫無力阻擋，地方領主於是擁兵自重，形成莊園制度最大特色：平時農奴以公有的耕作器具耕種，並將約三分之一至二分之一的收成貢獻給領主；戰時，領主有義務出兵保護莊園內的農奴。至十三世紀，莊園制度已趨向成熟並蓬勃發展，主導西歐大部分地區的農村社會和經濟組織。

和羅馬帝國時代相比，農奴地位還是較高，因為他們雖然不得離開土地，且定期要為領主從事無報酬的勞動，並繳納各類賦稅，就連婚姻也要經過領主同意，但絕對不是奴隸，因為他們有人身自由。而正是這輕微的自由，和些許生產工藝品的能力，才讓歐洲人在十字軍東征後，還有能力建立起「城市」，重新和世界接軌。

843年　法國

法國加洛林王朝訂定《凡爾登條約》，王國一分而三，即日後法國、德國和義大利的雛形。

863年　東歐

斯拉夫人在拜占庭帝國希臘傳教士的幫助下，創立自己的語言：希利爾語，於今日俄羅斯、烏克蘭、白俄羅斯、保加利亞及塞爾維亞等國使用。

894年　日本

新任遣唐使菅原道真上奏天皇，指中國「大唐凋敝」、「海路多阻」，建議停派遣唐使，天皇應允，結束近三百年的派遣關係。（詳〇八二頁）

909～1171年　埃及

以什葉派為主的埃及法蒂瑪王朝建立，即中國史書的「綠衣大食」。

950年　烏克蘭

斯拉夫人建立「基輔羅斯」。

拜占庭：「反聖像崇拜」運動

延續自羅馬帝國傳統，拜占庭政權與教權一開始合作無間，皇權高度介入之下，神職人員常傳達皇帝「類同於上帝」的觀念；拜占庭人也以狂熱於基督教信仰聞名。

皇帝對教會有無限權力，可主導會議，也緊密主導各教區人員的安排，調解各教會爭端，甚至有解釋教義的權力。但是隨著教會的成長，漸漸有了可和政權對抗的能力，為了打擊這股新興力量，八世紀左右，在當朝皇帝的主導下，拜占庭帝國進入「反聖像崇拜」運動。聖像崇拜指的是崇信耶穌和祂的聖像，但政府頒布法令，主張耶穌之神聖非人可形塑，因此拒絕崇拜任何「人造」物品，民眾須宣誓不得崇拜偶像，大量宗教藝術品被焚毀，教堂內的宗教畫像也被石灰水洗掉，教會反對派的高層神職人員慘遭處死，修道院也被迫關閉。除了意欲增加朝政對宗教的影響力，延攬教會龐大財政外；從政治角度來看，此時嚴禁崇拜偶像的伊斯蘭教興起，拜占庭帝國也是希望能藉此阻擋該教吸引力，從而抵擋阿拉伯帝國入侵的可能。

九世紀後，這個活動才漸漸平息。最大影響就是帝國多年來藝術成果化為烏有。其次，因為反對崇拜「偶像」，也就否認了教會最高領導人羅馬教皇的權威，加劇東方教會與羅馬公教的差異，終在一〇五四年造成大分裂。

單位：年

西元	地區	大事
960～1279年	中國	趙匡胤創立（北）宋朝。
962年	德國	東法蘭王國鄂圖一世創立神聖羅馬帝國。
980～1037年	烏茲別克	阿拉伯世界最偉大的哲學家、文學家及醫學家阿維森納生卒年。其阿拉伯名為伊本·西納，絕大部分作品都以阿拉伯文寫成，十二世紀後譯成拉丁文，在啟蒙西歐社會扮演相當重要的角色。
988年	烏克蘭	基輔羅斯在領導人弗拉基米爾的強迫下，捨棄多神教信仰，皈依東正教，俄羅斯人開始歐洲化、基督化與封建化，但受到拜占庭的影響，又發展出與西歐截然不同的文化與風情。

隱身在叢林的馬雅文化

中美洲的代表文化：馬雅，大約是在四世紀至九世紀達到鼎盛。不過，馬雅文化其實早於西元前一世紀就開始發展，其中今瓜地馬拉北部的蒂卡爾、墨西哥的帕倫克、宏都拉斯的哥班等，都是有名的遺址地。

馬雅人以種植農業為主，是世界上最早培育玉米的民族；經濟作物中，重要的有棉花及龍舌蘭，因應農業發展也修建出發達的排水系統，但他們習慣在同一地播種三次後就休耕，因此總是在更換居住地，也無法圈養畜牧類動物，如牛、馬等。馬雅人擅於製作手工藝品，全盛時期的城邦中心都有頗具規模的市場，自然也有專業工匠和商人，不過，他們的主要交易方式還是以物易物，一個奴隸約一百粒可可豆，一隻兔子約十粒可可豆。馬雅主要建築是祭神用的階梯式金字塔，社會基層組織是農村公社，十六世紀歐洲殖民者入侵前，馬雅人已發展出世襲的長子繼承制統治階層，而貴族次子則多擔任祭司，是城邦政治的顧問，掌握宗教禮儀、曆法和農事的安排。

對後人來說，馬雅文明迷人之處就是曆法和文字。馬雅人早有零的概念，他們制定出的太陽曆一年十八個月，每月二十日，再加五天禁忌日，剛好三百六十五天，四年一閏再加一日，月份名稱則與農業息息相關。馬雅人

⇧祭神用的階梯式金字塔是馬雅的代表性建築

1004年 中國

宋真宗與遼國制定「澶淵之盟」。

1008年 日本

日本代表性古典文學《源氏物語》成書。《源氏物語》可說是世界上第一本純文學創作，故事圍繞在平安時代，英俊瀟灑的天皇私生子光源氏一生荒唐又混亂的愛情故事。在紫氏部以考究的筆調與文采包裝下，完美詮釋日本華麗又細膩的貴族生活，及謙恭有禮、氣質優雅的民族性；書中透露的「物哀」，即見物而生悲哀之情，更充分體現日本民族性中崇拜悲劇英雄的情結。

1031～1095年 中國

北宋科學家沈括生卒年。沈括以博學著稱，代表作《夢溪筆談》收錄他在數學、天文、地質、氣象、化學、建築及動植物等廣泛的研究，可視為中國科學的最高成就。

還建造出美洲最早的天文觀測臺，以此計算出太陽曆週期為三百六十五・二四二天，金星運行週期為五百八十四日，與現在天文學得出的結論極為相似。文字方面，馬雅是唯一一個留有文字的美洲文明，他們的象形文字呈方塊狀，現已知的有八百個，但在馬雅，只有高級祭司才能掌握文字，他們用此記錄神話、曆法、天文和歷史等。可惜西班牙人入侵後，文字和祭司皆被燒毀、屠殺，現今已難以辨認。

九世紀後，馬雅文明忽然棄絕，至今原因不明，儘管之後仍有些許死灰復燃，但十六世紀初西班牙人登陸這塊土地後，繁榮長達十三個世紀馬雅文明最終劃上句點。

⇧西班牙征服者進入馬雅古城的情景

單位：年

西元	地區	大事
1045年	中國	南宋畢昇發明活字印刷術。
1049年	義大利	李奧九世出任羅馬教會教皇，禁止教士結婚與神職買賣。
1054年	歐洲、土耳其	基督教分裂為羅馬公教與希臘（東）正教。
1066年	英國	自法國而來的「征服者」威廉開創諾曼王朝，帶領英國進入歐洲封建制度。

拜占庭傳人：俄羅斯的興起

斯拉夫人約在六世紀中期左右進入今日的巴爾幹半島，這時還只是部族社會；九世紀時，斯拉夫人仍然只有語言沒有文字，之後才以拜占庭帝國的官方語言希臘語為主，發明出今日的斯拉夫語前身：希利爾語。

九世紀末期，斯拉夫一支的「基輔羅斯」，開始接觸精緻的拜占庭文化，基督教自然而然也傳入，一開始，基輔羅斯的統治者因擔心成為拜占庭附庸，而不願對宗教信仰表態；但十世紀的領導人弗拉基米爾卻有不同想法，他反而希望得到有制度的宗教支持，藉而鞏固自的統治。傳說，弗拉基米爾在猶太教、伊斯蘭教、東正教及羅馬公教間猶豫，但他考量到猶太教是被四處驅趕的民族；伊斯蘭教禁酒，對需要喝酒取暖的羅斯人來說太殘忍；羅馬公教盛行的西歐當時又是蠻荒一片，於是選擇儀式極為莊嚴、華麗的東正教，並強迫基輔羅斯全國上下全部受洗並定為國教。

至十五世紀拜占庭帝國滅亡時，基輔羅斯早已式微，取而代之的是莫斯科公國。在東正教最高領袖君士坦丁堡牧首的幫助下，拜占庭帝國皇室的倖存者流亡至莫斯科，公主索菲亞並與當時的莫斯科大公伊凡三世成親；從此，俄羅斯即以羅馬帝國第三傳人自居，統治者「沙皇」其實就是「凱撒」的轉音，並沿用拜占庭帝國國徽「雙頭鷹」，及教權高於政權的傳統樹立統治權威。直到二十世紀初，才被列寧主張的共產制度取代；但東正教信仰的最高堡壘地立，則迄今歷久不衰。

⇧弗拉基米爾皈依東正教後，修建了許多教堂，聖索菲亞大教堂正是其中一座

年代	地區	事件
1075年	義大利	羅馬公教教皇格列哥里七世禁止俗人授職。
1096年	歐洲、西亞	第一次十字軍運動。至十三世紀末時才全面結束。
1100年	歐洲	西方第一所大學出現。
1113年	歐洲	醫院騎士團成立。
1120年	歐洲	聖殿騎士團成立。
1127～1279年	中國	南宋建立，定都今日杭州，時稱臨安。
1187年	義大利	佛羅倫斯成為獨立的「城市共和國」。
1190年	歐洲	條頓騎士團成立。

中國經濟重心的南移

中國的經濟重心如同政治重心一樣，原本在黃河中下游一帶的關中，最早開發南方的是春秋後期的楚、吳、越等國，但質量均無法和關中相比。東漢末年以後，北方戰亂不斷，於是從東晉、南朝開始的六朝，中國的經濟重心逐漸南移。至隋朝重新統一天下時，特別開鑿五條運河將江南物資運輸到北方，雖然這時的北方首都圈仍能自給自足；但安史之亂後，關中陷入藩鎮割據，朝廷全面性地依賴南方財政，江南一地就占全國賦稅百分之九十，繼之的五代十國動亂，更進一步拉開南北在經濟上的差距。

宋朝，南方的農業生產成為全國糧食的主要來源，世人耳熟能詳的「蘇常熟，天下足」諺語，就說明最晚到北宋末年，江南已取代中原成為全國的經濟重心的情形，蘇州、湖州為全國的重要糧倉，景德鎮是著名瓷都，南方棉花種植業盛行，造船業進步，海外貿易極為發達。連政府舉人用材都越來越依賴南方，北宋中期以後，科舉及第與宰相出身的比重，南人已取代北人，北方甚至要增開保障名額。

南宋於杭州建立時，江南經濟地位已經牢不可破；至元朝時，北方的糧食生產已完全依賴南方。此後，中國的經濟重心就一直都在南方，直至今日。

1191年

西亞

第三次十字軍東征，西方在英國獅子心理查、法國奧古斯都腓力、神聖羅馬帝國紅鬍子腓特烈的帶領下，仍敗於阿拉伯世界代表將領撒拉丁。英國國王理查最後與撒拉丁簽訂合約，基督徒可經由特定路線至耶路撒冷朝聖。

⇧描寫騎士的漫畫

白馬王子的化身：騎士

早在西元前六世紀，羅馬王政時期，就有將全民按財產狀況劃分為五個階級，以出錢、出人組建軍事制度的習慣。至帝國時代，羅馬因不斷對外作戰，士兵得以藉此取得土地、財富、奴隸，進而從事商業、主導公共工程，成為實質上富有並有政治權力的特殊階級。

八世紀左右，鐵槌．查理的「采邑」催生封建制，通常能拿到土地的都是長子，庶子就只有「騎士」頭銜，平常任務就是征戰，基本配備是良馬、盔甲與武器。一個騎士至少有三匹馬：一匹打仗、一匹馱物、一匹供女眷騎乘；盔甲由金屬製成，重達二十五公斤；主要武器是長矛和劍。而成為騎士的貴族子弟，從小就要接受各種訓練，一到學齡年紀就要去封建主城堡擔任侍童，並學習吟詩、唱歌、彈樂器、下棋、游泳、騎馬、擊劍及角力等；十四歲成為見習騎士「扈從」，戰時跟在主人身邊，負責看管馬匹、甲冑與武器；二十一歲才能取得騎士稱號，並有一定的冊封儀式。

十二世紀是騎士制度化的時代，他們有為光榮而戰的義務，承平時期則不斷參加比武大會以提高自身戰鬥力，且遵守以下精心設計的禮儀和戒律：

一、正面攻擊敵人，偷襲他人者不配稱為騎士。

二、善待俘虜。

三、當一個虔誠的基督徒，幫助窮人、保護教堂、婦女及孩童等所有無防禦力之人。

至十四世紀後，社會對騎士的要求越來越嚴格，除了誠實、勇敢及正直等特質外，尤其講求「忠誠」二字，也就是說，他必須具備完美人格。儘管十五世紀後，因火藥作戰等方式興起，讓各國傾向僱用雇傭軍，而促使騎士階級漸漸沒落，但騎白馬、帶寶劍的騎士精神仍在，或化為「紳士風度」，仍是今日歐美上流社會對男性的規範與標準。

十字軍東征路線圖

十字軍占領阿拉伯人城市

十字軍東征與三大騎士團

十一世紀左右，塞爾柱土耳其人崛起，多次威脅拜占庭帝國，並阻擋基督徒至耶路撒冷朝聖，於是羅馬公教的教皇公開提出要求，開始了以騎士為主、維持近兩百年的「十字軍東征」。

事實上，除了一次的短暫奪回耶路撒冷外，十字軍東征可說是無功而返，既沒保護到拜占庭帝國，最終也沒奪回聖地。不過，這場失敗的運動，對歐洲歷史卻是影響深遠，它可以說是自西羅馬帝國滅亡後，以羅馬公教為首的西歐，第一次和外面的世界接觸。為因應出征的兵力、物資，讓西歐開始有了制度化的稅收法則；而無數騎士在整個歐洲大陸上來來回回，傳播了許多新思想、新物品，帶動商業發展、城市興起，讓西歐得以擺脫死氣沉沉的黑暗時代，百業復甦。

此外，這場東征更十足說明歐洲社會對騎士精神的重視與實踐。第二次十字軍東征後，許多騎士因得到受封土地而紛爭、內訌不斷，教皇於是逐步組織並委派聖殿、醫院、條頓三大騎士團來維持秩序。所有騎士團成員都須嚴格遵守三大戒律：守貞、安貧和順從，而依照每個騎士都有自己徽章「盾形紋章」的傳統，醫院騎士團成員身穿繪有白十字的黑袍、聖殿騎士團成員則身穿繪有紅十字的長袍，條頓騎士團則是白底黑十字的長袍，一目了然的在歐洲各地負起維持秩序的責任。

隨著王權興起、封建式微，聖殿騎士團在十四世紀初因法王打壓而解散，但條頓騎士團至今仍存在並持續運作，而醫院騎士團則因為曾占領西歐小國馬爾他，而改名為馬爾他騎士團，活躍至今。

單位：年

西元	地區	大事
1192年	日本	源賴朝出任征夷大將軍，在今中部鎌倉建立「幕府」，作為武家政治的中央執行機關，擁有號令下天的權力。但這時的鎌倉幕府仍謹守武家本分，事事以天皇為尊。
1194年	墨西哥	今墨西哥半島一支名為「馬雅潘」的部落統一猶他敦半島，後人以這個城邦的名字命名為「馬雅文明」，儘管這時的馬雅文明早已不是全盛時期。
1200年	歐洲	義大利波隆納及法國巴黎大學出現。
	墨西哥	阿茲提克帝國傳說於此年建國。

西方的大學教育

十字軍東征前後，歐洲人開始有機會見識到外面的世界，而有了求知慾。城市興起，貨幣經濟出現，自由商人渴求知識，讓義大利在十一世紀誕生第一所大學：波隆納。

「大學」（University）一詞本意是聯合體，事實上所有大學都是教師和學生的聯合體，初始沒有固定課程或有組織的教職員工，也不授予學位。十二世紀至十三世紀時，南歐各國及許多著名城市都有學術機構，政治上最為分裂上的德意志地區則至十四世紀才有大學，至十五世紀初期，瑞典、英國北部也漸漸出現大學。而這三四百年間，義大利波隆那和法國巴黎是最具盛名的兩所大學，波隆那大學尤其是許多學校的雛型，學生自己組成一個委員會，僱用教師，支付薪俸，也可以解雇老師或處以罰款；西歐北部則以巴黎大學為範本，以教師基爾特主導，選出只對他們負責、不用聽命其他任何力量的校長，大學的四個學院：文學、神學、法學和醫學，皆以「院長」為首，學院既是教學中心，也是學生宿舍，若是市政當局危害到學校的利益，學校可以搬遷，今日英國牛津、劍橋，仍保留這種樣式。

當時的大學教育僅限於三文：語言、文法和哲學，及四藝：數學、幾何、音樂和天文學。而真正進入大學就讀的人少之又少，因為不論對莊園農民，還是新興於城市的自由商人而言，大學所傳授的教育都無法提供他們任何實質幫助。

1204年

土耳其

從西歐來的十字軍，掠劫拜占庭帝國首都君士坦丁堡。儘管一開始是為了協助拜占庭帝國，十字軍運動最後卻成為拜占庭帝國步上滅亡的主因。

1206年

蒙古

鐵木真統一蒙古各部落，自稱「成吉思汗」。

1208～1261年

中國

南宋數學家秦九韶生卒年。重要成就有一次同餘方程組問題的解法（中國剩餘定理）和高次方程正根的數值求法；並著有《數書九章》，全書以八十一道題目，解決日常生活中所會碰到的數學問題。

1215年

英國

公布《大憲章》，人民可以控制國王權力。

行會制度

約在十二世紀，受到十字軍東征的影響，歐洲人漸漸有了追求開放與自由的思想，迫不及待要迎向更繁榮的未來，於是許多農奴掙脫身分成為自由農，前往因貿物往來興起的城市發展。而為了抵抗這些新興農奴，城市裡固有的手工業者於是組成「基爾特」來因應，意譯即為「行會」。

基爾特分「商人基爾特」和「藝工基爾特」。可說是為保障職業專業化而形成的聯合體，目的是為體制內會員提供保護和促進利益。商人基爾特主要在確保成員得以壟斷當地貿易，並保持穩定的經濟制度，在基爾特之下，一個作坊的人數、生產設備、產品數量和規格都有層層規範，嚴格限制外地人前來經商，以保證所有成員均有與其他成員同等的銷售權利，並強制統一價格，盡可能杜絕囤積及哄抬售價的現象；多餘收入則用來救濟貧窮。基爾特甚至有自己的武裝力量，以對抗農村的莊園領主，活絡城市自治權的發展。

而藝工基爾特則著重於技藝的保存與傳承，領袖為「行頭」，之下的師傅工匠「行東」本來就是各個領域的大師，有自己的作坊，且只有他們有基爾特選舉權；其他成員學徒則是幫工，雖已經掌握相關手藝，但沒有工資，且需繳交學費，期滿後才得以升任，不過也只能領取少量工資。藝工基爾特內部維持著某種階級關係，且和商人基爾特一樣，力圖維持壟斷並維持競爭。

在從農村過渡到城市的時期中，基爾特對整個西歐具有重要社會功能，其扮演著宗教組織、慈善機構和社交俱樂部的角色，甚至，在某些城市還是舉足輕重的微型政府。

單位：年

西元	1238～1298年	1240年	1256～1321年
地區	中國	俄羅斯	義大利
大事	南宋數學家楊輝生卒年。研究開方計算、二項展開式、高次方程的求解、高階等差級數，尤其為後人留下許多大面積算法及土地相關史料，足證南宋數學成就之高，只是這些數學家的研究在當時已脫離民間而顯得不切實際，因此無法發展成實用科學。	蒙古入侵今莫斯科一帶，基輔羅斯式微，取而代之的是莫斯科公國。	文藝復興先驅、義大利詩人但丁出生。

城市與商業興起

一般相信，在十四世紀以後，隨著黑死病的到來，原本居住於農村的歐洲人四處逃難至城市，造成莊園經濟崩解，間接促進社會階級流動，因而產生新興的、定居於城市的「中產階級」。

但其實早在十三世紀中期左右，西歐各地已漸漸出現城市與鄉村的分野，只是當時城市裡的各項資源仍仰賴農村供給，人民沒有前往城市生活的必要性，城市自然無法蓬勃發展。舉例來說，當時歐洲最大城巴黎的人口有約十六萬人，威尼斯僅九萬，相較之下，世界上最大的城市中國杭州，人口已三十二萬人；至十五世紀中期，倫敦人口才突破七萬，而當時的世界最大城市中國北京，人口已達六十萬人。

但黑死病的確助長人口的大量移動，而當義大利威尼斯因商業貿易的繁榮而日漸富庶後，到城市討生活成了一種風尚。為了和農民有所區別，這些城市裡的自由人流行穿上長罩衫、褲子、寬大外套等不方便從事農活的衣飾，即為今夾克、長褲和背心的前身，搭配誇張、不實用的裝飾品，從一個人的服飾與打扮即可看出階級與地位，所謂的「時尚」逐步誕生。對現世生活的重視與追求，則催生了以人文主義為主的文藝復興時代。

1274年
中國
馬可·孛羅抵達中國。

1282年
義大利
佛羅倫斯共和國成立，由各行會（基爾特）組成執政團共同領導。

1304～1374年
義大利
文藝復興先驅、義大利詩人佩脫拉克出生。

1313～1375年
義大利
文藝復興代表詩人薄迦丘出生。

1313年
義大利
北部各城獲獨立地位。

1314年
法國
聖殿騎士團解散。

漢薩同盟

城市興起後，商業貿易隨之發展，對封建盛行、王權不張的德意志北方來說，與其尋求君主保護，不如彼此結盟，以壯大聲勢，「漢薩同盟」（Hanseatic）因此應運而生，事實上，「漢薩」本意指的就是結隊而行的商隊。

這個組織擅於結合高明的政治藝術，以經濟手段，強制要求享有法規維護及商業特權，且帶有壟斷性質。會員大約有一百六十至一百七十個城市，包括俄羅斯、瑞典南方、波羅的海各國及英國北方都有城市參與，但最多仍是靠近北海一帶的北德各城，尤以呂貝克（Lübeck）為中心，成員間遵守共同商業秩序，如航行路線、信用額度和規費等。經濟發展自然為其主要目的，但必要情況下，他們也會發動或參與戰爭。一三七〇年戰勝丹麥後簽訂的條約中，就明定該同盟得以在北歐一帶享有商業經營的優勢地位，並持續至十六世紀。

在英國，反對漢薩同盟壟斷的當地勢力，會組成武裝分子，打著正義的旗幟於海上搶劫漢薩船隻，即民間傳說「羅賓漢」劫富濟貧形象的由來。十七世紀後，因新航線的發現，導致漢薩同盟衰落，但它的象徵與影響力至今不輟，現在德國最大的航空公司「漢莎」，全名原意即為「空中的漢薩同盟」。

單位：年

西元	地區	大事
1321年	義大利	詩人但丁以通俗的當地方言完成代表作《神曲》，全書結構嚴謹、思想深邃，可說是西歐中古世紀文學最高成就，也可視為文藝復興時代的開始。
1324年	歐洲	《馬可．孛羅遊記》出現。
1333年	日本	鎌倉幕府部將足利尊氏，不滿北條氏專政，而助以天皇為首的公家朝廷攻陷鎌倉，結束鎌倉幕府政權。
1335年	日本	足利尊氏建室町幕府。天皇帶著象徵皇權的神器出走至吉野（今奈良），室町幕府另立傀儡天皇，開啟日本史上延續近五十年的南北朝對峙時期。

單位：年

西元	地區	大事
1370年	德國、丹麥	「漢薩同盟」在與丹麥的對戰中獲得勝利，達到政治與經濟影響力的高峰期，甚至丹麥新國王登基也要得到該同盟的同意。
1380年	義大利	威尼斯擊敗熱那亞，稱霸東地中海貿易航線。
	英國	神父威克里夫將《聖經》首度譯為英文。
1386年	英國	喬叟開始創作《坎特伯里故事集》，喬叟是繼但丁之後，最偉大的中世紀詩人。
	德國	海德堡大學成立。

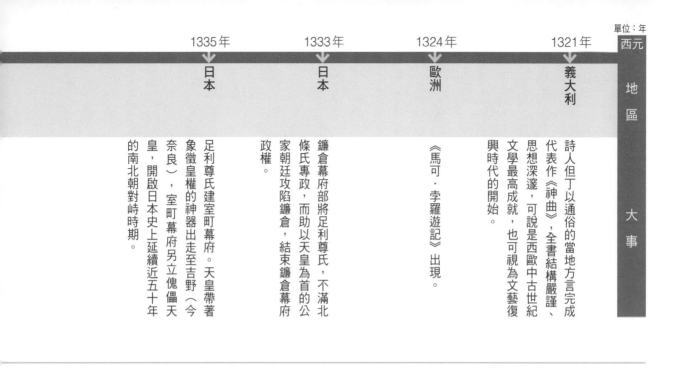

1337～1453年
英國、法國
百年戰爭。

1341年
義大利
佩脫拉克在羅馬加冕為桂冠詩人。

1348年
義大利
黑死病肆虐佛羅倫斯，人口大減。總計至一三五二年，整個歐洲損失近三分之一人口。

1353年
義大利
詩人薄迦丘完成代表作品《十日談》。

1358年
德國
呂貝克召開「漢薩同盟章程」會議，首次採用「漢薩」一名。（詳〇九五頁）

1368～1644年
中國
朱元璋創立明朝。

1397年
日本
室町幕府在京都建立金閣寺。

1399年
中國
明朝發生「靖難之役」，燕王朱棣舉兵南下，奪建文帝皇位，是為成祖。

近世史（十五至十九世紀）

十五世紀中期左右，今義大佛羅倫斯、威尼斯因城市與商業貿易的興起，而日趨富裕，有了更好的生活品質後，開始追求更精緻的文化享受，主導的「中產階級」開始鼓勵古典時代希臘、羅馬文化的文藝創作。

十三世紀上半葉，歐洲各國皆出現宗教裁判所，至十六世紀以後，因馬丁・路德引起的宗教改革，更助長了羅馬公教對其他教派的迫害，直至十七世紀才退燒；但宗教裁判所則到十九世紀才完全走入歷史。

在宗教改革浪潮結束後，歐洲人將心思放至地理大發現，在政府獎勵之下，提升不少地理學與天文學知識，連帶著對各項科學的需求也大增；加上自文藝復興時以來，學術研究風氣盛行，在十七、十八世紀，歐洲人興起各種科學研究方法，開啟科學革命，接著，隨著科學研究的進展，加上進步思潮風氣大開，很快就吹起人文主義科學，歐洲人越來越相信每個人自身「理性」的力量和思考的能力，不願再服膺傳統權威， 後人稱這股覺醒的風氣為「啟蒙運動」。

隨著資產階級逐漸富裕，工業革命也悄悄展開。

單位：年

西元	1405年	1409年	1415年
地區	中國	義大利	北非
大事	宦官鄭和第一次下西洋，至一四三〇年，總計七次。宋朝以來，中國的造船技術就有非凡的成就，明朝鄭和率領的這批探險隊伍，其所搭乘的船隻更可載重七千噸，上下四層，包含一棟宮廷建築，有「龍船」之稱。而十六世紀西班牙的無敵艦隊不過才五百多噸而已。（詳一〇六頁）	因對外作戰失敗，佛羅倫斯的政權過渡至梅第奇家族手上。梅第奇家族以銀行業起家，之後整個家族勢力滲透至宗教、經濟、政治等各個層面；而正是在梅第奇家族對各項藝文活動的大量支持與贊助下，才催生了文藝復興。	葡萄牙「航海家」亨利王子帶隊占領非洲北岸的休達（今屬西班牙）。

文藝復興：人文主義

十五世紀中期左右，今義大佛羅倫斯、威尼斯因城市與商業貿易的興起日趨富裕，而致富後自然會想保持財力，這就需要受過高等教育的思維來支持。於此，商與法等學問取代傳統哲學、神學；同時興起為活絡各地貿易，會說多種語言、具交際手腕的外交學，其背後支撐的理論學說則是文法、修辭、歷史與倫理。以上這些教育強調的都是對「個人」的養成，也就是所謂的「人文主義」。

有了更好的生活品質後，自然會追求更精緻的文化享受，主導一切的「中產階級」於是開始鼓勵文藝創作，他們著迷於古典時代希臘、羅馬文化的成就，審視當時的雕塑技巧，研究人體、植物、岩石和動物，並嘗試新的描繪方式，希望在繪畫中呈現出真實的風景畫和有血有肉的人。

文藝復興既然重視現世生活，自然會追求享樂。在那個時代，任何事情都可以上街慶祝、舉行派對，聖徒節日、鄰邦要人來訪、戰役週年紀念，都構成眾人齊聚打獵、賽馬與遊行的理由。他們不只是慶祝事件，而是在慶祝生活本身。隨著印刷術的發展，這一切美好的生活模式，都傳播至當時全歐洲。

圖為在《神曲》第二十一節中，但丁的嚮導在第八層地獄中回絕馬拉科達及其同夥的一幕

梅第奇家族委任精通羅馬古建築的金匠暨鐘錶匠布魯內列斯基，興建聖母百花大教堂。布魯內列斯基捨棄當時流行的「拱鷹架」圓拱木架，改用新穎的「魚刺式」建造方式，從下往上逐次砌成，最後蓋出高達一百一十四公尺、直徑約四十二公尺，以紅色大圓頂身綴白色拱肋的圓頂，直到今天仍是世上最大未使用鷹架或外部支撐物的磚造圓頂。

文藝復興：文學成就

詩人但丁的出現，往往被後人視為文藝復興時代的開始。但丁早年受過嚴謹且完整的亞里斯多德哲學，之後在好友卡瓦康提的說服下，捨棄當時已通行近千年的拉丁文，改以通俗的托斯卡尼方言寫出一本論述善惡與賞罰的基督教史詩《神曲》。全書為三行詩體，分為〈地獄〉、〈煉獄〉及〈天堂〉三部，每部再分三十三篇，恰與耶穌在塵世生活的年歲相當；詩句三行一段，連鎖押韻，象徵聖父、聖子、聖靈三位一體，前再加一篇序詩，共一百篇，完整且圓滿。

《神曲》成功挑戰人的能力，選擇與上帝對話，彷彿宣告沒有任何事是人所無法企及的，這個思想影響了同時代的另一個文學家：薄迦丘。一三四八年左右，佛羅倫斯爆發一場嚴重的黑死病，薄迦丘深受啟發，因而寫下短篇小說集《十日談》。作品敘述十位青年男女為躲避黑死病而至深山，每人每天講一個故事打發時間，十天下來就是一百個故事，全書結構嚴謹、用字與語氣生動俏皮，並大膽觸碰性愛話題，強調人要掙脫教會的束縛，對抗金錢、權勢的誘惑與腐敗的教會，呈現更自由的生活方式和年輕人的想法。

薄迦丘才華洋溢、作品眾多，既是文學家、學者，也是一位政治人物。而他的摯友佩脫拉克，則是同時期的另一位文學大師，以十四行詩的成就流傳於世，在世時就得到桂冠詩人的榮銜；同時也是傑出的書法家和藝術家，並終生為再生古希羅文化而努力。

但丁的《神曲》堪稱基督信教史詩之作，被視為「文藝復興」的序幕

文藝復興的新生活方式

即使是為教會而創作，文藝復興時期的藝術家仍然自覺他們活在一個新興的時代，創作思想圍繞著人文主義思潮，注重現實生活。

十四世紀開始，畫家喬托首先揚棄中世紀傳統，不再著重充滿宗教意涵的精神層面，而將重心放在畫作人物的自然面。自此之後，繪畫界突飛猛進，各種作畫技巧、色彩搭配百花齊放，「人」成為繪畫主題中越來越重要、且是唯一的角色。

這時的藝術家注重畫面人物的表現、山水風景的描繪方式所造成的不同效果。以達文西為例，他的畫筆充分展現透視、濃淡及著色等各種技術，並用不完全的筆觸、模糊的輪廓和帶陰影的五官，就能顯現出逼真的人物；拉斐爾的畫筆則充滿理想之美，他的作品皆極度優雅與細膩，擁有純然、溫柔的女性美；與之相對的，即是充滿雄性、陽剛氣息的米開朗基羅雕塑作品。建築方面也追求和諧美，米開朗基羅曾為聖彼得大教堂畫過的設計圖中，入口寬度與柱子、塔頂、圓頂閣的高度，都呈固定比例，整體為一完美的正三角形。

這些藝術品和生活方式大量出現在義大利的各個公共場合，呈現出來的是社會上富麗堂皇又充滿感性的風格，令歐洲其他國家莫不欽羨、亟欲效法。

米開朗基羅像

達文西像

拉斐爾像

《原罪．逐出樂園》是米開朗基羅的代表作。《創世記》中的局部畫面，包含了兩個情節——亞當和夏娃在蛇的引誘下偷吃禁果，以及被逐出伊甸園。亞當露出痛苦的表情，用雙手擋住天使，他的姿勢既有拒絕，也有保衛自己和妻子的意味。這幅畫展示俗世的情感，人不是上帝的奴僕，而是創造世界和主宰自己命運的主人

《西斯廷聖母》為拉斐爾代表作。畫中塑造了一個具有崇高犧牲精神的母性形象。聖潔美貌的聖母瑪利亞略顯哀傷，從雲端下來，衣擺隨風飄動，為了拯救人類，她把兒子送往人間。在這幅畫中，拉斐爾把自己美好的理想寄託在聖母身上，冀望其筆下的聖母能為世人帶來希望和美好的一切

《蒙娜麗莎的微笑》是達文西的代表作。畫中，蒙娜麗莎儀態安詳，臉上露出一抹微笑，眉宇間展露了內心的愉悅，眼睛充滿魅力，嘴角微微上揚。藝術史家將蒙娜麗莎的微笑稱為「神祕的微笑」。在構圖上，達文西採用了正面的胸像構圖，人物造型呈金字塔形，突顯出蒙娜麗莎的秀麗端莊

義大利

佛羅倫斯梅第奇家族資助佩脫拉克與薄迦丘，成立「柏拉圖學院」。

⇨十七世紀的荷蘭之所以能稱霸海洋，相當程度得力於格勞秀斯的思想啟發

北方文藝復興

英國、法國、南德及尼德蘭地區，受到商業貿易興盛的影響，成為第一批接收文藝復興傳播的地區。其實，早在義大利文藝復興盛行前，今日的北歐、英國、德國等地當然也有自身的精緻文化，並不是因為接觸到文藝復興，才讓這些國家忽然擺脫愚昧，附庸風雅了起來。文藝復興最大的特點就是天才輩出，只是因為北方國家至十六世紀才進入這樣的年代，才讓後人誤會，北方文藝復興是因為受義大利影響所以發生得比較晚。

伊拉斯謨斯、湯馬斯．摩爾、格勞秀斯是北方文藝復興的代表人物。尼德蘭（即今荷蘭）人伊拉斯謨斯一生週遊各地，四處傳播人文主義思想，在德意志地區尤其受到歡迎；並善用當時才剛流行的印刷術，得以成為第一位持續推出暢銷作品的名作家；日後德意志地區的宗教改革，相當程度是受到他的啟發。格勞秀斯也是尼德蘭人，他一生對法律學貢獻極大，是世界公認的國際法、海洋法始祖，尤其主張公海領域的概念，成功幫日後荷蘭打造十七世紀的「黃金時代」。

湯馬斯．摩爾是英國人，以人文主義者自居，和伊拉斯謨斯為終身摯交。身處十六世紀初期的他，面對新思想、新航線帶來的衝擊，讓他將自己的政治理想，寄託在著作《烏托邦》中，這本書以小說形式，藉著一名旅客，描述烏托邦這個島上共有、共享的社會、政治制度，是英國文藝復興時期的代表作，「烏托邦」這三個字，也成為後世形容樂土的代名詞。

⇧伊拉斯謨斯像

古騰堡與印刷術

傳統認為，印刷術是中國人的發明，但這個說法不盡正確，因為歐洲在十五世紀發明印刷術時，完全是獨立研究的成果，沒有受到中國影響；再者，現代印刷技術反而有很多是中國傳承自歐洲的方法。

雖然中世紀以後，歐洲藉由阿拉伯人學得造紙的技術，紙張不再是昂貴的奢侈品，但直至十五世紀初，歐洲人都還在用笨重的木板印刷，每印一本，就要重新刻字，無法大量製造。直到十五世紀中期，德意志人古騰堡研發出活版印刷術，並在一四五五年成功印刷出《聖經》。活版印刷有三大好處：（一）可長時間反覆使用，（二）可輕易更換，（三）能使用嚴密的字體編排。在這之後，德意志地區就開始大量印刷各類珍本與古典書籍。

雖然這項工藝是德意志人的成就，但當時主要掌握造紙技術的仍為義大利，尤其是佛羅倫斯，且德意志地區的文字其他國家都看不懂，但佛羅倫斯使用的可是當時的國際共通語言：拉丁文。因此，當義大利學習印刷技術後，隨即憑藉著過去留下來的各量文獻、典籍，打造出一個讓知識得以迅速流通的新世界，現在通用的「斜體」（Italics，義大利體）、大小寫字母書寫時的各種規矩，許多都奠基於此，出發點都只是為了方便印刷。

十五世紀中期，歐洲最大的圖書館只有約六百本書，古騰堡印刷術發明不過五十年，也就是十六世紀初時，整個歐洲的書籍已達九百萬冊，光威尼斯就有一百五十家印刷廠。大量的知識流通之下，開啟了一個天才輩出的時代。

單位：年

西元	地區	大事
1445～1510年	義大利	文藝復興代表畫家波提伽利生卒年。代表作品有〈維納斯的誕生〉、〈春〉等。
1451～1506年	義大利	航海家哥倫布生卒年。
1452～1519年	義大利	文藝復興代表人物達文西出生。
1453年	土耳其	拜占庭帝國滅於鄂圖曼土耳其之手。
1455年	德國	德意志人古騰堡以活字印刷拉丁文版《聖經》，是世界上首部印刷書籍。（詳一〇五頁）
1464年	德國	德意志科隆第一家印刷廠開張。

中國的世界觀：鄭和下西洋

史料記載，明初，燕王發動「靖難事變」登基為成祖後，因其侄建文帝下落不明，而派遣宦官鄭和組成船隊，出海尋找建文帝，史稱「鄭和下西洋」。但事實上，找建文帝只是理由之一，成祖真正希望的是藉此宣揚國威、發展海上貿易，順勢整頓元末以來動蕩不安的南海沿岸。

鄭和一共出海七次，他的船隊每次都由六十三艘大、中號寶船組成主體，加上其他船隻總計超過百艘，每一艘大船搭載兩三百名水手、舵工，並出使官員、醫官及軍士等人，甚至還有產婦，人員編制達兩萬五千以上；而當時的「西洋」，指的是東南亞、南亞，除了這些地方，鄭和的足跡還擴及印度洋、波斯灣及非洲東岸紅海一帶，相傳長頸鹿就是他從東非帶回來的動物，當時他們還以為那就是傳說中的麒麟。

鄭和下西洋約五十年後，歐洲進入改變世界格局的地理大發現時代。當然，這時的他們並不知道有個叫鄭和的中國宦官，走過的足跡不會比他們少，但對當時的中國來說，鄭和每出航一次都是巨大的財政負擔，沿途所經過的任何地方，都沒有中國所需要的人力或貨物資源；相反的，中國一路上還需履行天朝體系的維護邦國秩序義務；也就是說，中國在這個航海探險過程中，不論經貿、文化還是人

⇧鄭和海船：鄭和船隊中最大的海船，長四十四丈四尺，寬十八丈，九根桅桿，可掛十二張帆，據信是當時世上最大的木造帆船

1466～1536年 荷蘭

尼德蘭學者伊拉斯謨斯生卒年。伊拉斯謨斯是文藝復興時代著名學者，研究和教學遍及全歐，法國、英格蘭、義大利、瑞士皆有他的足跡。

1467年 日本

日本進入戰國時代。

1469～1527年 義大利

文藝復興代表哲人馬基維里。儘管後人大多認為他的學說會催生獨裁者，但其本人卻是個愛國的理想主義者，也是近代政治思想的奠基者。

1469年 西班牙

亞拉崗與卡斯提爾聯姻，完成國家初步統一。

1470年 荷蘭

尼德蘭引進印刷術。

德國

紐倫堡成為世界上最早的印刷品交易中心。

力，一直都是由政府扮演單一輸出角色，對民間毫無幫助，因當時民間是行「海禁」政策；久之，朝廷反對聲音自然增加，終在宣宗結束出航行動。

相反的，西葡兩國會走上海路，目的正是要尋找更多資源，自然比較積極經營海上布局與路線；正是這兩種面對海洋截然不同的世界觀，決定了中西之後五百年的命運。

↓鄭和航海路線圖

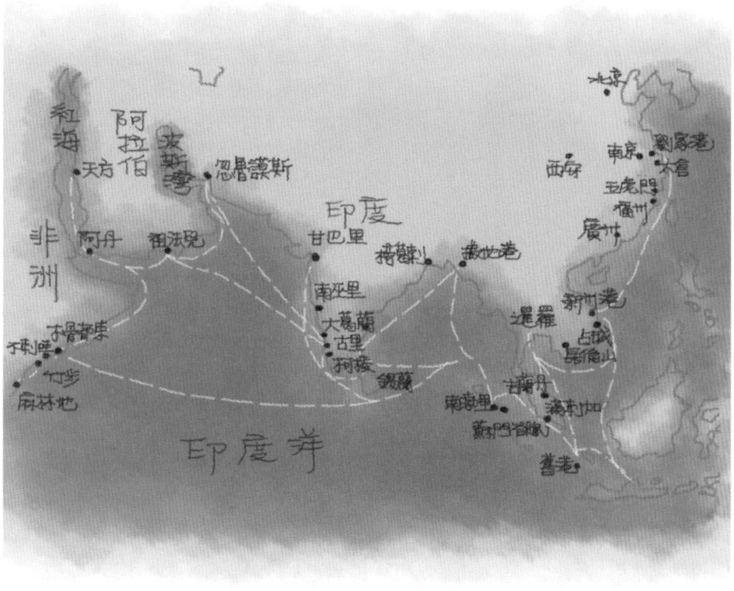

單位：年

西元	地區	大事
1473年	歐洲	匈牙利、西班牙引進印刷技術。
1473～1543年	波蘭	天文學家哥白尼生卒年。第一位提出太陽中心說，著有《天體運行論》，一般視為天文學及現代科學之始。（詳一一六頁）
1474年	歐洲	波蘭引進印刷技術。

⇧哥倫布像

歐洲人的世界觀：與海洋對話

義大利南方如威尼斯、熱那亞等國與鄂圖曼土耳其帝國，長期把持東西方的往來貿易，迫使貧瘠的伊比利半島，將希望轉向西方那片汪洋大海上，以尋求可以替代從地中海往東方的航線。

馬可波羅出發時的十三世紀，已有學者堅信地球是圓的，但還沒有人說得出來地球上究竟有多少陸地、多少海洋，也畫不出每個大陸的輪廓。至十五世紀後，對海岸線、潮汐及洋流等研究日漸進步，加上西葡兩國鼓勵西行的政策而更加盛行，葡萄牙「航海家」亨利王子甚至成立一所專門學校以獎勵研究，渴求早日帶領國民走向海外。狄亞士和達伽馬在海上探險成功後，葡萄牙隨即掌握對印度的航線、占領殖民地且取得大量財富；西班牙緊追在後，更於一四九二年，資助義大利航海家哥倫布西行，以尋找印度的黃金。

雖然哥倫布窮盡一生、三度遠洋，都以為自己到印度了，卻因為一直沒看到傳說中的遍地香料與黃金而深感挫折，但從另一個角度來說，這片「新大陸」上的馬鈴薯、番茄、可可豆、玉米和菸草及火雞，都在日後傳進歐洲，改變歐洲人乃至全世界的飲食習慣和生活方式，其中帶來的利益與商機，怕是黃金也難以企及。

信仰羽蛇神的阿茲提克

阿茲提克是美洲印地安人數最多的一支，約在十三世紀時於今日墨西哥建立帝國統治。這個族群相當崇尚武力，以勤勞和英勇善戰著稱；相信「活人獻祭」，認為應用人血表達對神的景仰。中心信仰是羽蛇神，他們認為人由羽蛇神創作，最終也將亡於羽蛇神。

1475～1564年

義大利

文藝復興代表人物米開朗基羅出生。除了雕刻上的成就，他也是傑出的畫家，且如同雕刻作品一樣，繪畫作品皆能展現人體的雄偉與動態美，代表作為梵蒂岡西斯汀教堂天花板上的〈創世紀〉。

1476年

歐洲

英國引進印刷技術。

十五世紀後，阿茲提克已控制整個墨西哥半島中部，有發達的農業技術、稠密的人口與許多高大、華麗的階梯式金字塔建築。仗著優勢的武力，阿茲提克一再要求鄰近部落提供貢金，與眾多部族結有宿怨。至十六世紀的蒙特祖馬二世（一五〇二至一五二〇）統治時期，開始有帝國即將毀滅的流言，或說徵兆出現。

一五一九年，西班牙探險家科爾蒂斯率領一支六百人、十六匹馬、十一艘組成的軍隊，登陸今日墨西哥沿岸，之後深入內陸發現阿茲提克人和他們驚人的財富。在接下來的兩年間，科爾蒂斯巧妙利用羽蛇神滅亡傳說，讓阿茲提克人相信，眼前這些膚色白皙的西班牙人和高大的戰馬，就是神話中羽蛇神派來接收他們的神靈，阿茲提克人自然沒有反抗之心；接著，西班牙再聯合其他反對阿茲提克的印地安人，大肆掠奪，屠殺神職人員、強迫人民改信天主教，成功滅亡這個古老帝國。

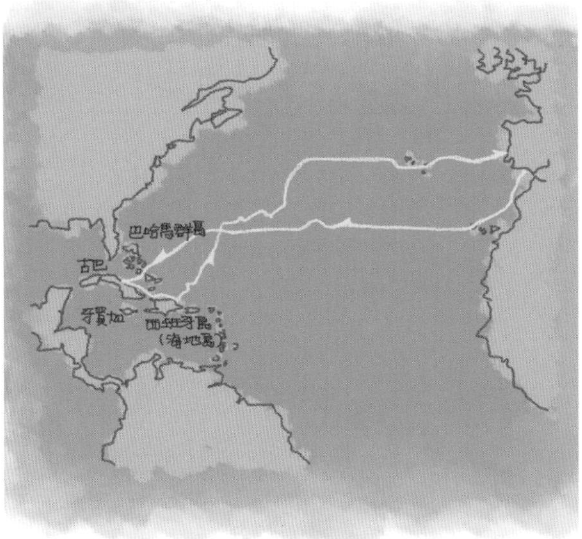

⇧哥倫布第一次航海路線圖

單位：年

西元	地區	大事
1477～1535年	英國	律師、學者托馬斯．摩爾出生。身為亨利八世的諫臣，他反對國王脫離羅馬公教，自立英國國教。最後因叛國罪而遭斬首。
1478年	西班牙	在教皇的授意之下，卡斯提爾的伊莎貝拉女王成立宗教裁判所。
1484年	義大利	教皇英諾森三世公開譴責巫術，展開歐洲近三百年的「獵巫」行動，計有上百萬婦女遇害。
1487年	非洲	狄亞士繞過今南非好望角。

黃金城印加

早在西元前三〇〇〇年，今日南美的安地斯山就進入農業，但受困於高山地形，牛馬無法生存，當地特殊動物駱馬又無力駝重物，因此只能依靠梯田，無法大規模耕種；也由於受限於山地地勢，當地一直沒有出現統一政權，直到十五世紀初，才由一支名為印加的部落建立一個龐大的帝國。

儘管沒有文字、貨幣和輪子，印加人還是建立起完備的政府和軍事組織，並有人口眾多的大城市；加以等級森嚴的社會制度與政治組織，讓該帝國在安地斯山脈的疆域至一四七六年已達三千二百公里長。印加帝國的掌權者是一批不事生產的貴族和祭司，他們完全統有國家勞力與一切資源，不但擁有一支訓練精實的軍隊以應付好戰的國王，也能建造許多重大公共工程，帝國各地皆建有道路、橋梁和隧道，統一集中通往首都庫斯科。而正是這極為便利的交通要道，方便了日後西班牙征服者的出入。宗教信仰方面，印加人相信人的生命是最珍貴的祭神禮品，因此祭典常以犧牲人的性命為榮耀。

西班牙聖多明哥教堂就建在印加太陽神廟遺址上，秘魯人在此舉行一年一度的太陽祭。印加文明諸多傳統習俗仍存留至今

1490～1576年 義大利

文藝復興代表畫家提香出生。一般視為現代油畫之父，代表作品有〈維納斯的崇拜〉、〈聖母升天圖〉等。

1492年 西班牙

西班牙澈底逐出伊斯蘭教勢力，收復失土運動成功。

美洲

哥倫布抵達美洲，在不知道所處何方的情況下「發現」新大陸。

根據許多未證實的說法，十六世紀的歐洲人普遍相信印加盛產黃金，他們認為，印加王宮、神殿都是由黃金蓋出來的，連生活器具都是由黃金打造。於是新航線開通後，對黃金的需求，在在驅使西班牙人遠渡重洋至南美洲。十六世紀初期，印加帝國陷入王位爭奪戰，內戰開打時，由皮薩羅帶領的西班牙人正好抵達，帶著身上致命的傳染病菌替帝國敲響喪鐘，順勢接收大批足以稱為老弱殘兵的印加人。

⇧馬丘比丘是印加文明的最後遺存，位於秘魯兩座雲霧繚繞的山峰之間的一片馬蹄形臺地上，遠看彷彿一張圖案精緻的毛毯鋪在巨石上

⇩圖為印加國王阿塔瓦爾帕跪在皮薩羅面前。皮薩羅大肆掠奪搜刮，殘酷迫害印加人

單位：年

西元	地區	大事
1492年	德國	世界上第一個地球儀誕生。
1494年	俄羅斯	莫斯科公國大公伊凡三世自稱「俄羅斯君王」，俄羅斯一詞從此取代莫斯科，成為國家的名字。
	歐洲	在教皇亞歷山大六世裁決之下，西葡兩國劃分殖民範圍，葡萄牙分到巴西及西非沿岸以東；西班牙則分到今日中南美洲絕大部分土地。

五月花與感恩節

宗教改革風吹進英國後，最虔誠信仰的新教教派名為「清教徒」，十六、十七世紀的國王查理一世試圖讓英國重返天主教信仰，因而不斷迫害清教徒，於是許多清教徒選擇出走前往當時剛被發現的新大陸，即今日的北美洲。

清教徒在北美洲陸續建立維吉尼亞、麻薩諸塞等十三個殖民地（州），是英國人在海外建立殖民地之始。在航行中，他們受盡折磨，至北美大陸時傷亡無數、飢寒交迫，儘管自備工具、牲畜和種子，但很快地就發現北美的土地並不適合這些作物。當地原住民印地安人見狀，紛紛送來食物等民生必需品，教他們改種玉米、大豆、南瓜和向日葵，及傳授捕魚等基本生活技能，清教徒因此得以在新大陸定身立命。第二年，清教徒將過去一年的收成成果送給印地安人，以表達感恩之心，從此成為美國特有節日「感恩節」。每年十一月第四個星期四，所有美國人，不論種族、宗教或身在何方，都要回到家人身邊，一邊看橄欖球賽一邊吃火雞大餐，並在餐桌上說出自己過去一年最值得感恩的事情，重要意義有時更甚於宗教節日聖誕節。

不論之後對印地安人的迫害和屠殺，美國人總不忘在這個時節坐下來，感謝印地安人曾對他們伸出的援手，時至今日不輟；就像總統也一定會在感恩節特赦兩隻火雞，讓牠們免於被殺的命運一樣，想來讓人覺得格外的諷刺。

⇧「清教徒」初到美洲時頗受到印地安人的歡迎與幫助

1495～1498年 義大利
達文西創作〈最後的晚餐〉。

1498年 葡萄牙
達．伽馬完成歐洲至印度的首航，找到通往傳奇東方的海上航線。

1504年 義大利
米開朗基羅的代表作〈大衛像〉完成，象徵文藝復興時期人文主義思想的盛行，這尊雕像既表達了對人體美的讚賞，米開朗基羅的也用這個主題傳達「人定勝天」的決心，掙脫中古世紀以來宗教引領一切的思想限制。

中美洲
哥倫布航行至今日的宏都拉斯、尼加拉瓜和巴拿馬。

遺失土地與文化的北美印地安人

哥倫布抵達美洲時，誤以為那就是印度，而將當地人稱為「印地安人」，從此成為美洲原住民的通稱，儘管當時生活在這塊土地上的種族並不是單一民族，而是有六百個部族，近二千多支部落，光是語言就有五百多種，總計人口約一百五十萬。

北美印地安人一直沒有發展出如馬雅、阿茲提克和印加這樣的高度帝國與文化；十六世紀時的他們也沒有文字，臉上的文化與羽毛頭飾就是部落間溝通的一種方法，少部分偏南方的部落已進入以種植玉米為主的農耕生活，西北方部族也有比較高發展的文化，如圖騰柱木刻、大型家屋等，並有簡單的社會階級；但其他地方仍多從事漁獵採集、居簡易帳篷；宗教方面則普遍信仰薩滿教，相信守護靈的力量，普遍認為人類和這個世界上所有動植物是平等的，且應共享所有資源，因此當歐洲人入侵時，印地安人不是很明白他們對追求土地的欲望；再加上受限於自然環境、地域分散等因素，印地安人一直沒有辦法真正聯合起來對抗入侵者，只能消極地住進保護區，或選擇不斷往北遷移。

除此之外，歐人還帶來了瘟疫、瘧疾、黃熱病、流行性感冒及梅毒等各種疾病，讓人口在短時間內驟降三分之二，史家因此稱「疾病為歐洲征服美洲鋪平了道路！」加上通婚等其他因素，現今印地安人只占美國約百分之零•六，且在教育、醫療、經濟及政治等各方面都是絕對的弱勢。

單位：年

西元	地區	大事
1505年	義大利	達文西受銀行家佐貢多之邀，替其妻蒙娜麗莎畫半身像，達文西將這位女性視為理想與神祕的象徵，傾注自己所有美感體驗和已臻完美的繪畫技巧。今日典藏於法國羅浮宮博物館。
1506年	義大利	世界上最大的天主教教堂「聖彼得大教堂」動工，拉斐爾、米開朗基羅、巴洛克建築大師貝尼尼等人都參與建造。
1510年	義大利	隨著新航線的發現，威尼斯漸趨衰微。

舊帝國主義與新作物

歐洲人向來渴求香料，除了因歐洲不生產而物以稀為貴外，也因為香料能抑制醃肉的鹹味，替食物帶來更多風味。而香料的產地「東方」，對歐洲人來說更是神祕、富裕、紙醉金迷的代名詞。

香料貿易可說是十足的一本萬利，在葡萄牙發現印度新航路後，歐洲人趨之若鶩，仿效葡國發展大航海事業。而航線的增加，帶動的就是更多的新鮮貨和奢侈品，例如皮毛、絲織品和茶葉。除了這些商品，歐洲人還在非洲大陸發現珍貴的人力資源「黑奴」。其實早在阿拉伯商人縱橫世界貿易時，西非國家就已習慣性地提供當地奴隸；地理大發現後，歐洲人對美洲印地安人的屠殺，和他們所帶去的傳染病，讓印地安人在很短的時間內大量死亡，而葡萄牙因為亟需人力栽種玉米、馬鈴薯、番茄及辣椒等極有利潤的商品，於是開始從非洲輸出人力至美洲，形成歐美非間的大西洋三角貿易

之後，英、法、荷等國也紛紛仿效，但工業革命後，發展遠洋事業對這些國家來說不只是為了貿易，更是為了尋找棉花、蔗糖和菸草等原料產地；只有西、葡兩國仍然執著於黃金、白銀，未將財富轉為資本，而不知不覺被工業強國拋在腦後，將地理大發現的成果拱手讓人。

⇧奴隸貿易場景，奴隸販子正在檢查一群非洲黑人，準備將這些黑人「批發」運到巴西，賣為奴隸

1511年

義大利

拉斐爾代表作〈雅典學院〉完成時間。在這幅畫中，拉斐爾巧妙運用調和方法，創造出和諧、典雅與安靜的氛圍，畫中哲人熱切討論人世間問題的景象，既揭示了人文主義思想的成熟，也是最能反映文藝復興鼎盛時期的作品。

1513年

義大利

馬基維里出版《君主論》一書，主張統治者為達目的可以不擇手段。

日本的武士道精神

八世紀左右，日本進入平安時代，這時的天皇已無號召力可言，民間興起以王公貴族為主的權門和轄下的莊園；為了維護莊園力量和生產力，權門即賦予在莊園內耕種的農民武裝力量，這就是「武士」的由來。

幕府宣揚封建等級制，貴族與武士為封建主從關係，且武士在任何時候都要絕對效忠貴族，此為幕府政治能有效統治日本的最主要原因。十二世紀末，禪宗由中國傳入日本；禪宗主張，得道於自然相通時的忽然感悟，即「頓悟」，無法透過學習與知識傳播。強調身體磨練、自律與冥思苦行，以取代對佛學理論的拘泥，對武士有莫大吸引力，更認為信仰禪宗是對自身階級提升的證明。

自江戶幕府後期，日本將全國分為士、農、工、商四階級。「士」包括所有武士、將軍和他們的家臣，也包括將軍分封在各地的諸侯「大名」，為了防止大名擁兵自重，幕府規定其得留在江戶為質，且須定時至江戶朝覲，日久，自然令某些貴族心生不滿；天主教又在這時傳入「上帝面前，人人平等」的思想，直接衝擊武士對封建主的忠誠度，且該教強調耶和華是唯一的上帝，也讓傳統宗教神道教難以招架。雖然士為貴族，但十八世紀後工商業發達，甚至出現「大阪富豪一怒，天下諸侯驚懼」的俗諺，與之相對的是大批流散四處，備有武力卻無法發揮的流浪武士，增添不少社會階級衝突。

於是該如何轉移這些落魄貴族的不滿與注意力？就成了幕府政治一個難解的課題。

⇧日本武士

單位：年

西元	地區	大事
1514年	荷蘭	伊拉斯謨斯著《尤里烏斯的放逐》，藉寓言形式諷刺當時教皇尤里烏斯二世，以聖彼得之口暗示腐敗的他將無法進入天堂，對當時知識分子影響頗大。
1516年	英國	托馬斯．摩爾著《烏托邦》，描述一個充滿理想的社會與政治體系。
	荷蘭	伊拉斯謨斯首次將新約《聖經》從拉丁文譯成希臘文。
1517年	義大利	教皇李奧十世下令販賣贖罪券。

與上帝對話：歐洲人的宇宙觀

宗教改革衝擊了許多歐洲人的終生信念，也激起許多信徒想提出證據，說明上帝的偉大。

十五世紀，波蘭人哥白尼在大學裡讀數學與音樂時，對天文學產生了興趣，身為一個虔誠的教士，他認為上帝創造的宇宙應該極為簡單且和諧，絕不像希臘學者托勒密所想的那麼複雜。為了證明上帝的智慧，哥白尼開始將心力放在計算行星的位置上，儘管他不是專業的天文學家。

在經過長時間的觀察，哥白尼主張地球繞著太陽轉，如此一來，所有托勒密理論不合理之處都可以解決；但這個假設有一個大問題，它和羅馬公教一直以來所主張的，太陽、行星與恒星都繞著地球轉的說法大異其趣。哥白尼本身就是個教士，且曾在德意志傳教，因此他最後選擇不發表這個理論，直到逝世

⇧哥白尼像

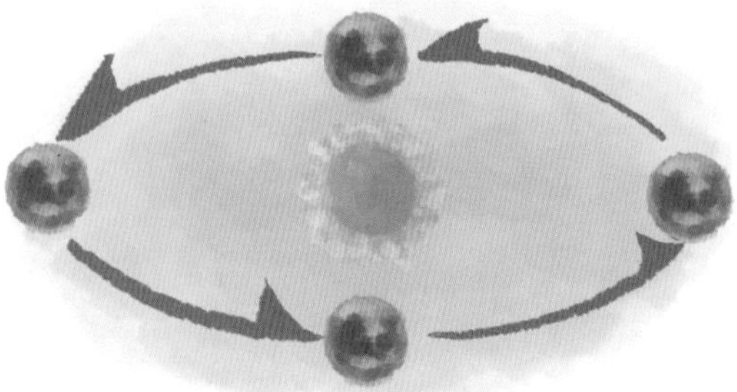

⇨哥白尼主張地球繞著太陽運行，與教會的主張大相逕庭

德國
德意志神父馬丁·路德公布《九十五條論綱》，歐洲自此陷入新教與羅馬公教的紛爭中。

1519年 歐洲
西班牙國王查理一世入主神聖羅馬帝國，成為查理五世，統領歐洲大陸上除法國以外絕大部分土地。

1520年 土耳其
鄂圖曼土耳其帝國蘇萊曼大帝即位，開啟帝國全盛時期。

1521年 墨西哥
西班牙科爾蒂斯滅亡阿茲提克帝國首都特諾奇蒂特蘭，在廢墟上重建新城，名為墨西哥市。（詳一〇八頁）

1522年 環球
麥哲倫的船隊完成首次環球航行。

1524年 墨西哥
西班牙人登陸今墨西哥猶加敦半島，馬雅文明消失殆盡。

那年才問世。雖然這個理論充滿許多錯誤，研究方法也不科學，但哥白尼的學說還是在當時的歐洲社會引起極大波瀾；就在哥白尼過世約半世紀後，德意志天文學家克卜勒進一步提出「地球軌道橢圓說」，利用更精確的觀察和計算，證明太陽中心說的正確性，且所有天體運行都可以用簡單的數學公式說明，證實了哥白尼對上帝創造宇宙的看法。

差不多就在同時，曾說「宇宙是上帝用數學寫成的一本大書」的義大利科學家伽利略，也公開宣稱支持哥白尼的論點，並自行研發望遠鏡，以提出更多佐證，之後更出版《兩種世界體系的對話》，再次重申哥白尼理論的正確性，但在這之後伽利略就遭到異端指控，且被迫「收回」他的論點，最後被羅馬公教軟禁直至過世。

伽利略像

單位：年

西元	1530年	1533～1584年	1533年
地區	德國	俄羅斯	秘魯
大事	德意志地區信奉新教的諸侯共同發表〈奧古斯堡宣言〉，以捍衛信仰。當時的統治者神聖羅馬帝國皇帝查理五世則以〈沃姆斯詔令〉反制，強調所有教派都應統一於羅馬公教之下，雙方隨即引爆許多零星戰爭。	俄羅斯伊凡四世，即恐怖伊凡即位，任內將自己的稱號改為「沙皇」。	六百萬人口的南美洲印加帝國，亡於以皮薩羅為首的西班牙人。皮薩羅為傳說中的黃金帝國而來，最終無功而返，一直不知道他無意深入的叢林深山裡，正藏滿了豐富的黃金礦物。（詳一一〇頁）

女巫與宗教迫害

十三世紀上半葉，在教皇英諾森三世的主導下，歐洲各國出現宗教裁判所，即以自統為自居的組織（羅馬公教），以偵察和審判「異端」（對異己的思想或理論者的稱呼）。其實一直以來，羅馬公教即以公權力迫害所有他們認可的「異端」組織，十一世紀的義大利「鞭笞派」（主張鞭打自身以獲得救贖），十二、十三世紀的法國「阿爾比派」，都遭到教皇命令與組織的騎士團殘酷鎮壓。

十五世紀後，異端審判的思想進入德意志地區，至十六世紀以後，因馬丁．路德引起的宗教改革，更助長了羅馬公教對其他教派的迫害，在南歐如西班牙尤其盛行，也最早制度化，道明會及方濟會是教皇委任的審判者，指控他人為異端無需任何證據，而凡被指為異端者，將不得辯護，定罪後得沒收財產，並處以如火刑等各類嚴刑竣罰，即使拋棄自身信仰，仍需終身監禁，故居也將被夷平，不得重建。

⇩聖女貞德最後被以「女巫」罪名燒死

年代	地區	事件
1534年	英國	亨利八世宣佈脫離羅馬公教，成立英國國教，國王即為教會最高領導人。
	歐洲	西班牙神父羅耀拉成立耶穌會，成為天主教內部改革的重要力量。
1536年	瑞士	法國人喀爾文發表《基督教原理》，基督教自此有清晰且完整的神學系統，成為新教之所以能和天主教抗衡的重要原因，並盛行於德意志及北歐一帶。喀爾文教派認為致富是榮耀上帝的方式，在重商的北德、北歐及荷蘭等國深受歡迎。
1539年	美國	西班牙人進入今美國加州。
1540年	法國	法國成立宗教裁判所。

相對於「異端」，女性常被指為「女巫」，在以訛傳訛之下，信仰不純正的女子被妖魔化為具有各種駭人的巫術，形象多為騎著掃帚、戴黑色尖帽，且有一隻黑貓相伴。指控「女巫」也不需證據，法國的聖女貞德即為受害者；這股風氣在十五、十六世紀左右蔓延成一種盲目的群眾迫害行為，道明會甚至還出一本官方手冊，載明各種迫害手段，直至十七世紀才退燒；但宗教裁判所至十九世紀才完全走入歷史。

⇧直到十七世紀，「女巫」迫害才逐漸退燒

單位：年

西元	地區	大事
1547～1616年	西班牙	作家塞凡提斯生卒年。代表作《唐吉軻德》奠定他在西班牙語文學的重要地位，也讓西語有「塞凡提斯說的話」的別稱。
1548～1600年	義大利	思想家、哲學家布魯諾出生。因支持哥白尼的太陽中心說而被羅馬公教視為異端，遭火焚而死。

⇧培根像

⇧笛卡兒像

科學革命

宗教改革與宗教戰爭的浪潮結束後，歐洲人將心思投入新航路的發現，在政府獎勵之下，提升不少地理學與天文學知識，連帶對各項科學的需求也大增；加上自文藝復興時期以來，學術研究風氣盛行，讓歐洲人更積極於追求新知識。

就在十七、十八世紀左右，歐洲人興起各種科學研究方法。英人培根首先提倡「歸納法」，主張應有系統地進行各種實驗以歸納並建立通則，任何不能經由實驗證明的通則都不能成立。不過當時的天文、物理學科受限於技術與知識，實際上還是偏重推理法則，而比較契合這種研究方法的是法人笛卡兒倡導的「演繹法」，笛卡兒是位傑出的數學家，他認為一個學說假設是否正確，要注意的是推論有無問題，而不是看能否用實驗證明。儘管學說主張不同，但這兩人有相同的精神：科學家應由理智為出發點，在一定的原則和精神之下，突破舊思維。

這種態度，普遍反應在十七世紀後的歐洲各國；為了保持領先地位，義大利、法國皆成立科學院，以政府角色鼓勵這些機構專研科學；而英國成立的皇家學會，更因培育出牛頓這位劃時代的科學家而聲名遠播。牛頓發明了微積分、萬有引力及三大運動定律，足以用數學公式解釋一切物體運動，直到二十世紀的愛因斯坦出現前，他的學說都是所有科學家討論物理現象的依據。

⇨據說蘋果落地啟發牛頓發現萬有引力

1549年 日本

耶穌會教士沙勿略開始在日本傳教。

1550年 義大利

佛羅倫斯畫家瓦薩里，首度引用「文藝復興」一詞標明同時代藝術風格。

啟蒙運動：民主思想的萌芽

科學研究的進展，加上進步思潮風氣大開，很快就感染了人文主義科學領域。政治學、法律學和經濟學等各種研究社會現象的基礎學問，都在這時成為學有專精的學科。

在科學革命的帶領下，歐洲人越來越相信每個人自身「理性」的力量和思考的能力，當然不願再服膺傳統權威，如教會或王權。十七世紀中，英國因反對國王查理一世而爆發清教徒革命，民間開始出現「人生而平等」的呼聲，並主張侵犯人民權利的政府，理應遭受人民革命。四十年後，英國再次因王權問題爆發光榮革命，澈底消除專制王權力量。當時學者洛克發表《政府論》，認為每個人都享天賦人權以維持生命、享有自由及保有財產，政府成立的目的是在保護人民，而非干涉人民。

⇨洛克發表《政府論》，主張「天賦人權」，政府是為了保護人民而存在的

⇨盧梭是法國啟蒙運動的領袖之一，其主張對日後法國大革命的推動影響深遠

在這之後，歐陸思想家、哲學家也開始探討人的自身權利、人民與政府的關係，甚至是國與國的關係，這股風氣在專制政權根深蒂固的法國尤其盛行，代表人物伏爾泰認為「自由」是一個人最重要的價值，畢生捍衛言論、政治及宗教自由，且主張思想自由的人不需要上帝。十八世紀中，貴族出身的法國人孟德斯鳩認為，理想政府應是行政、立法與司法三權應分立且互相制衡；同國的盧梭也說人民乃國家主體，政府只是人民公共意志的代理機構，若無法反映民意，人民可將之罷免或推翻。

後人稱這股覺醒風氣為「啟蒙運動」，彷彿之前的歐洲只是個愛睡覺的孩子，現在終於開竅，有自己的想法了！

⇧伏爾泰強調「自由」是生而為人最重要的價值

巴洛克風格與古典樂派

十六世紀末期至十八世紀中期，歐洲主流藝術是華麗、繁複的巴洛克風格。這種樂派的音樂作品仍無法完全脫離宗教關係，結構嚴謹完整、篇幅宏偉，且有統一發展與豐富對比，巴哈、韓德爾是巴洛克時期音樂家代表。

進入十八世紀，受到啟蒙運動的影響，新興的交響樂形式取代原有的巴洛克風格。交響樂原本是一種自文藝復興以來流行於歐洲的歌劇序曲，一般具有快、慢、快三個樂章，指的多是管弦樂團合奏、包含多個樂章的音樂形式；十八世紀中，這種序曲逐漸成為可以單獨演奏的樂曲，開始有作曲家專為這種樂曲寫作，聽眾也脫離教會，深入民間，尤其是為了滿足富有中產階級的休閒樂趣。到海頓出現後，交響曲的演奏方式、規範與結構才正式確定下來，內涵與形式也因他而變得豐富多元，成為古典樂派主要的表演形式之一。

更精確地說，受到強調理性的啟蒙運動影響，大眾對宗教音樂已失去興趣，加上義大利歌劇的盛行，一七五〇至一八二〇年代的維也納音樂主流轉變為古典樂派，代表人物除海頓外，還有莫扎特及貝多芬等古典音樂大師，他們的作品傾向表達自由、民主與宣揚人道主義，風格理性，追求嚴謹的樂曲結構、形式完美、內容深刻，每篇樂章都足以稱為理想的教科書範本。

優雅的貴族風：沙龍

十七、十八世紀的法國貴族，只能依祖宗所留下來的土地租金過日子，依規定，他們不得從事貿易或工業，也不用納稅，也就是說，他們沒有任何要去工作的必要性。因此，如何打發這大把的空閒時間？成了這些生活優渥、不愁吃穿的貴族最重要的事。

為了讓貴族有事做，以免他們把腦筋動到政治上，干涉政權，十七世紀的國王路易十四因此在巴黎郊外興建豪華、奢靡的凡爾賽宮，每天且安排各項活動，鼓勵這些貴族一擲千金，既滿足他們的虛榮心，也消耗他們的精力。這種遊樂方式從貴族漸漸傳到民間後，生活尚屬富裕的中產階級自然也有心仿效，再加上中產階級因商業繁榮、世界貿易網絡成形，而更有機會常去各國遊歷，吸收各種新知識與新思想，回到法國後，自然會想與他人討論，在這種種條件之下，巴黎出現了一間又一間的「沙龍」，供這些文人雅士談天說笑。

通常沙龍由女主人主持，最具代表性的沙龍，就是路易十五的情婦龐巴朵夫人所有。在沙龍裡，大家可以盡情的聊天和交換意見，甚至有些沙龍極具學術氣息，當時有名的哲學家伏爾泰、孟德斯鳩、盧梭等人都是沙龍的常客，他們常在此發表或交換對時局、政治體制、民主思想的看法；也是在這樣的激盪與交流下，讓「啟蒙運動」大為盛行。

單位：年

西元	1555年	1561～1626年
地區	德國	英國
大事	神聖羅馬帝國召開帝國會議，公布〈奧古斯堡宗教和約〉，承認封建領主有權利自由選擇宗教，但所謂的「選擇」，僅限於羅馬公教與路德教派。	英國哲學家培根生卒年，主張知識就是力量，並提倡歸納法。

⇧瓦特發明及改良蒸汽機，解決工業動力問題，促成工業革命的到來

工業革命：煤與鐵

與科學革命及政治思想一樣，工業革命一開始也是發生在英國。主要是因為十八世紀的英國，是個統一、太平且富裕的小國。

統一是因為英國政權由國會主政，而無專制王權，人民的心聲比較容易上傳，政府思想進步，慣於接受新思維。太平是因為英國孤懸於歐陸之外，歐洲各國間的戰爭它幾乎沒有參與，充實不少國力。富裕則是自伊麗莎白一世以來，英國就擅於利用島國優勢，四處在新航線、新大陸上，尋找新的貿易點和商機。

政府獎勵再加上重商主義的盛行，大筆資金的流通使人民越來越有興趣發展更快、更省錢的運輸方式，以帶來更多商業利潤。其中，以機器取代人力和動物，更是一大目標。一七三三年，英國發明「飛梭」，紡織業進入可大量製造的時代，陸續發明眾多嶄新的機器；十八世紀中，瓦特發明蒸汽機解決工業動力問題，汽船和火車因而問世，改變人與物移動的方式，並帶動對煤的需求與開採；在英國人的研究之下，煤與鐵成為工業建設的兩大生命線。

十八世紀末，工業革命開始傳至歐陸。在這之後，這場革命就再也沒停下來過，也無法阻止它的傳播。為了尋找更多資源和商機，各國無不互相競爭、獎勵發明，也因此，吸收到工業革命的國家往往都能以驚人的速度進步，對海外殖民地的需求也日益迫切。日本推動明治維新後也走上同樣道路，將過去的東亞霸主中國，遠拋在腦後。

1564～1642年

義大利

科學家伽利略生卒年，有「科學之父」稱號，打破亞里斯多德以來的自由落體論，證明物體不論輕重，落下速度皆是相同的。其他貢獻還有發明慣性定律、改良望遠鏡；但最重要的貢獻，是他對科學研究的實驗精神所樹立起的典範。

1564～1616年

英國

英語文學代表劇作家莎士比亞生卒年。莎翁一生留下三十八部戲劇、一百五十五首十四行詩等數量驚人的作品，廣泛流傳至全世界，除了著名的《羅密歐與茱莉葉》外，代表作品還有《哈姆雷特》、《馬克白》、《奧賽羅》及《李爾王》等四大悲劇，及《馴悍記》等喜劇。

⇧西元一七六四年，英國紡織工人詹姆斯·哈格里夫斯設計出了一種新式紡車，用這種紡車紡線，一個人可以同時紡出多條紗線，明顯提高紡紗效率，哈格里夫斯把它命名為「珍妮機」。「珍妮機」的出現是紡紗從手工生產邁向機器生產的重要一步

⇧英國發明家史蒂文生設計製造的「火箭號」，是史上第一臺實用化的蒸汽火車，於西元一八三〇年開始行駛於利物浦到曼徹斯特的鐵道上，為人類交通運輸揭開新頁

單位：年

西元	地區	大事
1571～1630年	德國	德意志天文學家克卜勒出生。其相信哥白尼的太陽中心說，但初期研究時卻一直無法證明，後來才發現，哥白尼主張天體運行、行星軌道是完美的圓，但事實上卻是橢圓，如此一來能解決所有哥白尼無法解答的問題。但克卜勒也留給後人另一個難解的問題：為什麼行星會繞著軌道運行？最終，這個問題在牛頓的力學上得到解答。
1577年	荷蘭	北尼德蘭宣布脫離西班牙獨立，國名為「荷蘭」。
1578～1657年	英國	醫生哈維出生，著有《身體血液循環》等著作。這時的歐洲醫學水準還非常落後，外科醫生通常由理髮師兼任，從拔牙到截肢都是他們的工作。
1584年	美國	英國在今維吉尼亞州建立第一個北美殖民地。

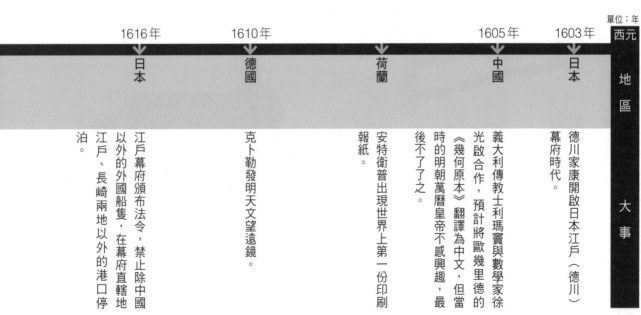

單位：年

西元	地區	大事
1603年	日本	德川家康開啟日本江戶（德川）幕府時代。
1605年	中國	義大利傳教士利瑪竇與數學家徐光啟合作，預計將歐幾里德的《幾何原本》翻譯為中文，但當時的明朝萬曆皇帝不感興趣，最後不了了之。
	荷蘭	安特衛普出現世界上第一份印刷報紙。
1610年	德國	克卜勒發明天文望遠鏡。
1616年	日本	江戶幕府頒布法令，禁止除中國以外的外國船隻，在幕府直轄地江戶、長崎兩地以外的港口停泊。

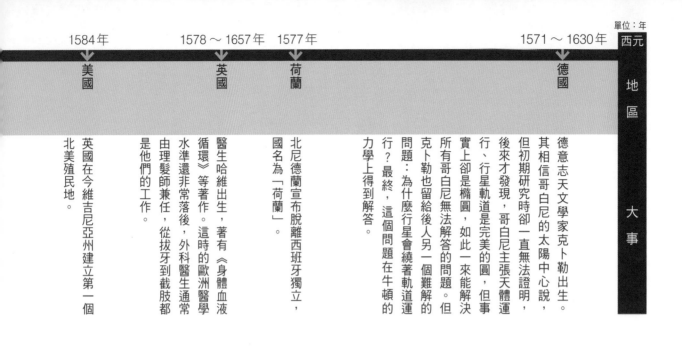

1588年 英國
西班牙派出無敵艦隊攻英國，意外地大敗而回，國際地位下降；反之英國在伊麗莎白女王帶領下崛起。

1596～1650年 法國
數學家、哲學家笛卡兒出生，著有《方法論》，「我思故我在」為其名言。

1597年 北極
荷蘭人巴倫支三次組隊探索北極，最終在此年命喪於北極海；但要到三個世紀後，他們的殘骸才被挪威人發現。

1598年 法國
亨利四世頒布《南特詔令》，明定新舊教平等，推行宗教寬容，結束該國近八十年的宗教內戰。

1600年 印度
英國成立東印度公司，以此作為殖民東方的據點。

1601年 義大利
利托．康帕內拉在獄中完成著《太陽城》，勾勒出一個完美的理想性社會。

1618～1648年 歐洲
三十年戰爭爆發。宗教改革後，波西米亞（今捷克）一帶偏基督教信仰，信仰天主教的神聖羅馬帝國因此與德意志境內同教諸侯聯合起來進攻波西米亞，並將丹麥、荷蘭、英國及瑞典等基督教國家捲入其中；最後，天主教大國法國出於政治考量加入新教陣營，並助其於一六四八年取得勝利。從此，歐洲國家看清局勢，再不為宗教這等事作戰，故這場戰爭往往被視為最後一場宗教戰爭。

1620年 美國
英國清教徒搭乘五月花號前往北美洲。

1621年 英國
出現第一份報紙，《新聞報》。

1623年 德國
德意志科學家契克卡德發明可進行六位數加減乘除的計算機。

日本
江戶幕府下令將葡萄牙人逐出境內。

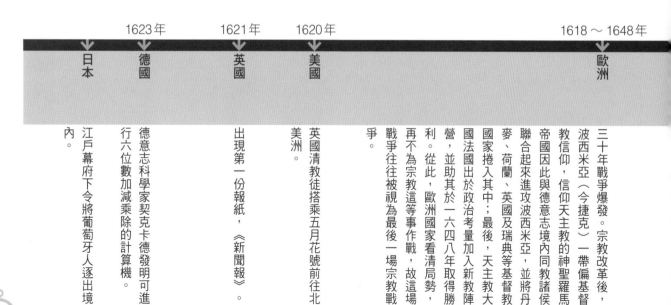

單位：年

西元	地區	大事
1624年	英國	《專利法》通過，以獎勵新發明。
	日本	江戶幕府下令禁止西班牙人入境通商。
1628年	英國	國會通過《權利請願書》，以限制國王查理一世的專制王權。查理一世隨即在隔年下令解散國會。
1631年	法國	第一份報紙出現。
1632～1704年	英國	政治學家洛克生卒年，以《政府論》聞名。
1633年	日本	江戶幕府首度頒布鎖國令。
1635年	法國	法蘭西學院成立，以獎勵、保存科學及藝術方面的成果。

單位：年

西元	地區	大事
1654年	印度	蒙兀兒王朝沙賈汗為過世的妃子穆塔茲所興建的陵墓「泰姬瑪哈陵」落成，主體建築以大理石為素材，整體左右對稱，以大圓頂為中心搭配四座圓柱體，塔高接近兩塔距離的一半，視覺效果和諧。陵墓東邊為清真寺，西邊為招待所，俱為紅色，整體建築為伊斯蘭文化最高成就之一。
1665年	英國	虎克用顯微鏡觀察一片軟木塞，成為第一個看見細胞的人。
1669年	德國	漢薩同盟結束。
1675年	荷蘭	列文虎克將顯微鏡改良成一種極為普通、可輕易購買的商品，而不再是科學家研究室的專利。他的顯微鏡可將物體放大二百倍，且可看見有機體；他也是第一個觀察到微生物的人，雖然他本人並沒有意識到這個觀察有多了不起。

1639年
日本
江戶幕府頒布鎖國令,只留下「長崎」一處通商港口,且只允許中國和荷蘭的船隻停泊。

1642年
英國
清教徒革命。主張專制王權且亟欲恢復天主教信仰的國王查理一世遭斬首,英國進入短暫的共和時期。

1643～1727年
英國
科學家牛頓生卒年。他在世的研究,是日後所有科學思想的基礎,在各個層面影響後世所有科學家。儘管他自己也知道這些研究非常初步,曾說:「我只是愛在海邊玩石頭的小男孩,感覺眼前整個大海的真相在我面前,等待發掘。」

1644～1912年
中國
清朝建立。

1678～1741年
義大利
音樂家韋瓦第生卒年。為巴洛克音樂代表人物,代表作為《四季》。

1682～1725年
俄羅斯
彼得大帝即位。

1682年
美國
法國人進入今密西西比河流域,將發現的這塊新土地以當時國王路易十四之名,命名為「路易斯安那」。

1684年
英國
牛頓發表萬有引力學說。

1685年
英國
詹姆士一世即位,恢復天主教信仰。

1685～1750年
德國
德意志音樂家巴哈生卒年。巴洛克音樂代表人物,以宗教體裁表達現實人物的災難,與人生的苦痛,和對美好未來的期待與追求;之後的古典樂派大師如海頓、莫扎特及貝多芬等人,某個方面皆承襲他的作風,因此有「音樂之父」稱號。

單位：年

西元	地區	大事
1685～1759年	德國	德意志音樂家韓德爾生卒年。代表作品宗教劇《彌賽亞》改編自《聖經》故事，以〈哈利路亞〉一段最廣為流傳。韓德爾長期旅居至英國，一生以將義大利歌劇引進英國為己任，「演出《彌賽亞》」後來也成為英國國教固定儀式之一；過世後葬於倫敦西敏寺中，墓碑上的他且拿著一篇樂曲。
1688年	英國	光榮革命爆發。國王詹姆士二世欲恢復天主教信仰，得到軍隊支持的國會派人迎接詹姆士二世的女兒其夫婿，即荷蘭國王威廉三世入主英國。
1689年	英國	威廉三世簽署國會提出的《權利法案》，除原有的徵稅權外，國王不得否決國會提出的法律及法案，英國從此再無專制王權，國會成為最高統治機構。

單位：年

西元	地區	大事
1721～1742年	英國	時屬輝格黨的華波爾出任首相。華波爾是第一個具有現今內閣制首相意義的英國領導人，他集內閣首長與國會多數黨領袖於一身，是國家政事真正決策者，而不只是國王的御前大臣。
1724～1804年	德國	德意志哲學家康德生卒年。是啟蒙時代全盛期的代表人物，被視為繼蘇格拉底師徒三人以後，西方最偉大的哲學家，名言為：「自由不是你想做什麼就做什麼，而是你不想做什麼；就可以不做什麼。」而這麼一個改變人類思想的大哲學家，卻終其一生都沒有離開過他的家鄉。
1725年	北極	在俄羅斯沙皇凱撒琳一世的資助下，丹麥人白令發現西伯利亞北方的海域，因此稱為白令海峽。日後在其他探險家的努力下才發現這個海峽可通往太平洋。

1689～1755年 法國
哲學家孟德斯鳩生卒年，代表作《法意》主張行政、立法、司法三權分立。

1694～1778年 法國
啟蒙思想之父，哲學家伏爾泰出生。其名字是啟蒙運動的同義詞。

1702年 英國
世界上第一份「日報」：《每日科蘭特》出現，這份報紙已開始採用廣告商贊助的模式。

1712～1778年 法國
哲學家盧梭生卒年。著有《社會契約論》等作品，影響之後的法國大革命。他的另一本著作《愛彌兒》，強調兒童自然學習與教育的重要性，是教育學家的先驅者。

1715年 德國
德意志物理學家華倫海特發明水銀溫度計。

1732～1809年 奧地利
音樂家海頓出生。海頓在世時即享有極高聲譽，且受匈牙利親王賞識，在宮廷服務近三十年，加上生性幽默，喜愛大自然，讓他的作品大多充滿歡樂、戲謔與希望，遺世作品有一百多首，既反映出他驚人才華，也可看出時代變遷，作曲家必須不斷推陳出新，以迎合大眾口味。

1733年 俄羅斯、美國、加拿大
也是在俄羅斯的資助下，丹麥人白令抵達今千島群島、阿留申群島及阿拉斯加海岸。

1742年 瑞典
攝氏溫度計問世。

1746年 美國
政治家暨科學家富蘭克林證明閃電由電造成。

1748～1832年 英國
哲學家邊沁出生。他提倡功利主義，也是最早提倡動物權利的人。

1751年 法國
啟蒙學者狄德羅編纂的《百科全書》出版。

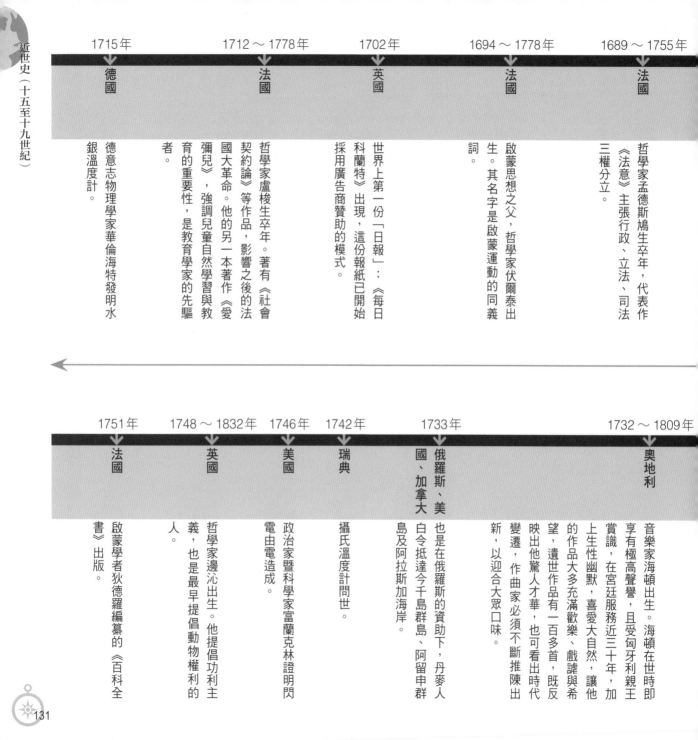

單位：年

西元	地區	大事
1753年	德國	德意志本篤會教士首先提出「社會主義」一詞，意指人具有社會性。
1756～1791年	奧地利	音樂家莫扎特生卒年。著名的音樂神童，短短三十五年的在世時間，即創作多達五十部交響樂曲，和各種體裁的音樂作品。
1760～1825年	法國	社會學家聖西門生卒年。出身貴族的他，曾參與美國獨立戰爭與法國大革命，為了打造自己理想中的社會而散盡家財。
1762年	俄羅斯	俄羅斯凱撒琳二世，即日後的凱撒琳大帝即位。
1763年	德國	普魯士通過學校法案，開始推行義務教育。
1767～1835年	德國	普魯士教育學家威廉·馮·洪堡生卒年。即今柏林洪堡大學的創辦人。

單位：年

西元	地區	大事
1771～1858年	英國	社會學家歐文生卒年。出身貧寒的他，靠著努力成為擁有工廠的資本家，但終生致力於改善勞工工作環境，以建立美好、平等的社會為己任，並曾經在美國印第安納州成功推行公社。歐文認為，教育是窮人翻身最快的方式，因此成立不少學校，希望能改善勞工子女的困境。
1772年	南極	英國探險家庫克抵達南極圈，受阻於冰山無法再前進，僅可依靠偵察得知，前方還有一片大陸，但讓他大失所望的是，那片大陸看起來只是片嚴寒、無法居住的荒蕪大地。
1772～1837年	法國	社會學家傅立葉生卒年。
1776年	北美洲	美國獨立戰爭爆發。
1776年	英國	經濟學家亞當·斯密發表《國富論》，靠著這本書帶來的巨大效應，讓他在往後日子享有尊榮。（詳一三八頁）

1769～1859年 德國

普魯士博物學家亞歷山大・馮・洪堡生卒年。他是威廉・馮・洪堡的弟弟，最大的成就是對南美洲的研究，大量蒐集這塊土地上的地理學、植物學、人種學、氣象學的全方面知識。他的研究精神與奉獻，啟發日後的英國生物學家達爾文。

1770年 澳洲

英國探險家庫克發現南半球大陸澳洲，他和其船員也因此成為第一個看到有袋動物「袋鼠」的歐洲人，關於這個奇異的動物，庫克在日記上寫道：「牠們長得像狗，但又會像兔子一樣跳來跳去。」

1770～1827年 德國

德意志音樂家貝多芬生卒年，典型浪漫主義者，儘管在世時不擅與人交往，一生都活得極為孤寂且不快樂，但他的才華仍無可否認。幾乎每位作曲家都認為自己在某個方面受了貝多芬的啟發，並公認他的每件作品都有永垂不朽的價值與力量。

1785年 英國

《泰晤士報》創刊，一直以來都與該國長期執政黨「保守黨」關係密切。

1796年 非洲

蘇格蘭人蒙哥・帕克抵達非洲尼日河。

英國

金納醫生發明能有效防治天花的牛痘疫苗。

1798年 英國

學者馬爾薩斯出版《人口論》，聲稱人口成長是按照幾何級數，終將達至人口供應的極限，科學也無法避免。這套理論，促使政治學家、經濟學家、生物學家反思工業化下的新社會，在各個學科都有不小的影響，達爾文和馬克思的學說就是最好的例子。

1799年 義大利

科學家伏特發明電池。

1799～1850年 歐洲

法國文學家巴爾札克生卒年。他的《人間喜劇》是現實主義代表作品，深切刻劃中產階級的愚昧、不安與貪婪面。

MEMO

MEMO

近代史（十九世紀）

工業革命將許多產業轉化為大規模生產方式，因而誕生了一種全新的階級：掌握財富、勞力的資本家。同時各個主義興起，保守勢力指的是法國大革命時，被人們指明要推翻的王室、貴族等，所代表的階級和思想；推動法國大革命的激進分子是自由主義者，自由主義分子強調的各種自由中，有一派主張追求國家民族的自由，即民族自決，這一派即是所謂的民族主義者；活躍於十八世紀下半期的法國哲學家盧梭，是啟蒙時代大師，也是開啟浪漫主義的重要人物；現實主義是浪漫主義的反面，重視科學的研究精神與實事求是的態度，企圖用更宏觀的角度，解決當時的社會問題。

單位：年

西元	地區	大事
1804年	法國	拿破崙稱帝，進入第一帝國時代。
	德國	德意志音樂家貝多芬發表《命運交響曲》。
1808年	德國	普魯士頒布法令，中產階級可藉由選出來的市議員實施地方自治。
1809年	希臘	英國詩人拜倫投入希臘獨立戰爭。
1811～1882年	法國	社會學家白朗生卒年。白朗曾參與法國一八四八年的二月革命，並曾短暫進入政府，主導勞工政策，可說是烏托邦社會主義者中，對工人權利和組織最有影響及幫助的代表人物。
1812年	俄羅斯	法國皇帝拿破崙率六十萬大軍入侵俄羅斯，最後失敗，帝國隨之覆滅。

資本主義的興起：國富論

工業革命將許多產業轉化為大規模生產方式，因而誕生一種全新的階級：掌握財富、勞力的資本家，他們不像各國統治者那樣握有政治實權，但憑藉著財富的力量，很難說他們的影響力會小於任何一個統治者。

工業革命的第二個改變，就是出現了人口高度集中的大都市，兩相結合之下產生資源分配不均等全新的社會問題，於是，學者跳脫固有的政治學研究，投入新興的經濟學，意圖讓人人都能在這充滿財富的新興世界裡分得一杯羹。這之中，對世人影響最大的，可能是英國經濟學家亞當·斯密。

當然，亞當·斯密不是第一個研究經濟學理論的人，但他是第一個將經濟學系統化和完整化的人，他的代表作《國富論》，實可說是現代政治經濟學研究的起點。亞當·斯密反對舊有重商理論強調國家擁有黃金的重要性，他也否定重農主義所言，土地是所有價值來源的說法。與之相對，他強調的是勞動分工所能帶來的巨大效益。《國富論》認為混亂的自由市場有自身協調機制，會導向於最受歡迎、最需要的商品，制定出最適合的價格及最大的商機，這一切連動關係，都由自由市場上那隻「看不見的手」所操控。為了完美發揮這個人人皆能得益的體制，政府應大力支持自由貿易，且不施行關稅政策，換句話說，他反對政府干預商業及自由市場。

可以說整個十九世紀，已經工業化的歐洲國家都依照亞當·斯密的理論制定經濟政策，事實上，他的自由貿易、崇尚低關稅，到現在還是很多國家的經濟理論中心思想，講到資本主義的發展，就是會提到這個經濟學家。

1812～1870年
英國
現實主義代表作家狄更斯生卒年。終三十多年的寫作生涯皆闡述人道主義，以忠實呈現勞工階層的辛苦、悲哀為己任，代表作為《雙城記》、《孤雛淚》及《塊肉餘生錄》等。

1813～1873年
英國
蘇格蘭新教傳教士李文斯頓生卒年。為傳教，李文斯頓多次深入非洲大陸，在三十年中走了五萬公里，感動不少當時的歐洲人，卻萬萬沒想到追隨他腳步踏上這塊土地的歐洲人，日後竟成為殖民掠奪者。

1814年
奧地利
歐洲各國召開維也納會議，在奧地利首相梅特涅的主導下，以「正統」和「補償」為原則，重新劃分拿破崙時代以後的歐洲各國版圖。

英國
史蒂文生發明蒸汽火車頭。

保守主義

保守勢力指的是法國大革命時，被人們指明要被推翻的王室、貴族等所代表的階級和思想。到了十九世紀初，這些「保守分子」除了求生存、意欲恢復原有利益以外，其實也漸漸發展出一些帶有哲理的中心思想、及深刻的政治哲學，即「保守主義」。

會有這樣的發展並不讓人意外，畢竟這些上流社會的特權階級，本來就是受過最多教育、最有機會四處遊歷的人。以英國保守主義者艾德蒙．柏克所著的《法國大革命之反思》為例，他們的核心思想，是強調傳統與歷史在政府及政治上的重要性，其認為啟蒙時代思想家雖然提倡理性、重個人權利，卻沒有讓民眾理解，這些特性套進固有政治體制會帶來許多動亂和變化，也沒有說明要如何因應，是非常不負責任的行為；若真要改革，也應該用漸進、溫和的作法。

「保守主義」者強調，政治改革需要經驗，而要得到經驗，就要重視傳統和歷史。他們口中的傳統，就是王室與貴族階級治國的必要性；歷史指的就是推行已久的封建和莊園制度。至於宗教，保守分子當然支持天主教，和其之後極有制度的羅馬教會，因為從千年以來的演變即可看出，羅馬教會是維持社會秩序的基礎，相信任誰都想生活在有秩序及安定的社會，這是多少自由都換不來的美好。

單位：年

西元	1818～1883年	1821～1880年	1823年
地區	德國	法國	德國
大事	共產主義奠基者馬克思生卒年。終其一生，大部分的生活開銷都靠相信他理論的合作夥伴恩格斯資助，因恩格斯本身就是一位成功的資本家。馬克思在世時一直在躲避債主，曾說：「恐怕沒有人在如此缺錢的情況下，寫出關於金錢的著作了，《資本論》的版稅甚至不夠我付寫它時抽的菸錢呢。」	文學家福樓拜出生。現實主義代表作家，名著《包法利夫人》以冷靜的手法，描繪夢想與現實人生的衝突，並分析這個衝突所產生的悲劇。	完全失聰的貝多芬發表《第九號交響曲》。

自由主義

推動法國大革命的激進分子，主要指的是當時的中產階級，包括醫生、律師、工商業者，或一些思想較開明的政府官員，甚至在更為保守的國家，如西班牙、俄羅斯等，還包括比較激進的軍官。進入十九世紀後，以上這批中產階級就是人們口中說的自由主義者，前述主張經濟自由的亞當·斯密也是自由主義者的代表人物之一。

但這些組成分子階級各異，出身也不相同，所追求的利益與理想自然不會完全一樣，故我們可以說，「自由主義」只是個相對於保守主義的統稱，而他們大致共通性可分為：

- 希望改變既有秩序，認為變動是促使進步的第一步。
- 都是啟蒙時代哲學家的信徒，皆支持法國大革命。
- 其口中所謂的自由，至少都包括「人身」自由，即政府無權任意逮捕人民；至於其他的言論、出版、集會自由等，當然也是他們追求的普世價值，但不一定贊成全面開放。
- 主張「法律」之前人人平等，而非人「生」而平等。
- 最後一點也是最重要的，他們不相信主權在民；事實上，他們只相信中產階級治國的本領，絕對反對全民參政。

從以上論述來看，可知自由主義和保守主義的距離沒有想像中的那麼遙遠，他們都希望政權操之於自己所屬的那個階級，也都反對自由、民主等思想往更下層階級流通、開放。

美洲

美國發表《門羅宣言》：「美洲不會干涉歐洲的事，同樣的，也請歐洲不要干涉美洲的事。假如歐洲各國真的要進犯美洲，美國不排除動武。」澈底排除歐洲勢力進入美洲的可能。

1828～1906年

挪威

劇作家易卜生生卒年。先後定居義大利與德國，他的劇作為現實主義奠基，激烈反對暴政，揭露社會無知現象，甚至因此反對民主政治，名言為：「少數或許是對的，多數卻總是錯的。」直至晚年才回挪威定居。

1828～1910年

俄羅斯

文豪托爾斯泰出生。出生上流社會，信奉人道主義思想，晚年過著極為清修的苦行僧生活，鼓吹帶有共產主義色彩的無政府組織。代表作多為超長篇小說，如《戰爭與和平》、《安娜．卡列尼娜》和《復活》等。

民族主義

自由主義分子強調的各種自由中，有一派主張追求國家民族的自由，即民族自決，這一派，即是所謂的民族主義者。

民族主義主張國家組成應以「民族」為單位，受外族統治的民族，理應要求獨立與自主，這個學說在法國大革命發生時沒有多少影響力，畢竟大革命和外族統治沒有任何關係；但拿破崙在十九世紀前期掌權後，憑藉優異戰功，四處橫行歐洲，依自己喜好決定各國版圖，且任意編派家人至各個國家擔任掌權者的種種作為，都催生了各地的民族主義。

民族主義者追求「一個國家、一種文化」的政治型態，強調人對固有土地與家鄉的感情，主張統治階層必須以統一的語言為工具，培養人民文化認同感；佐以教育，培養人民文化意識。而對個人來說，社會責任絕對重於個人利益。

十九世紀下半期，學說理論逐漸成熟後，再加上經過許多愛國人士的宣傳，民族主義大盛，歐洲許多民族紛紛要求獨立建國，德意志哲學家費希特所著的《告德意志同胞書》，更激發普魯士人統一德國的決心。希臘爭取脫離土耳其統治、克里米亞戰爭，及更之後的十九世紀末期的德國及義大利統一，都是民族主義思想的勃興，這股思潮一直延續至二十世紀初，時至今日也很難說已完全消逝。

⇧拿破崙像

單位：年

西元	地區	大事
1829年	希臘	原屬鄂圖曼土耳其帝國的希臘，在俄羅斯、英國及法國的支援下獨立成功。
1830年	法國	七月革命，比利時獨立。
	英國	出現世界上第一條鐵路，連接史托克頓與達靈頓。
	英國	法拉第發現電。
1832年	英國	改革法案通過，中產階級獲得新興市鎮的投票權，兩大黨改名為保守黨與自由黨。

浪漫主義

活躍於十八世紀下半期的法國哲學家盧梭，既是啟蒙時代大師，也是開啟浪漫主義的重要人物。

啟蒙時代強調理性與個人權利，主張一切事務都該簡單化、制度化與民主化，盧梭支持這些想法，但同時，也認為生命中許多美好的事不該忽視或省略，人應該回歸自然，活在當下，好好享受每一刻，畢竟宇宙萬物的奧妙、複雜，不是單用理智就可解釋的。這種對啟蒙時代理性化反動的思維，就是浪漫主義，也是十九世紀上半期，歐洲最重要的思想態度。

浪漫主義也反對工業革命，認為工業化的社會只會帶來更多失業人口，剝奪勞工的健康、生命與福利，帶來陰鬱、孤寂的都市生活，且隔絕了人與大自然相處的機會。和自由主義相同的是，浪漫主義分子也要求突破所有傳統與法規，包括有形的政治社會制度，或無形的道德宗教。而和保守主義相似的是，浪漫主義分子仍然強調宗教的重要性，只是他們重視的不是制度面，而是宗教信仰帶給人的心靈成長。第三個讓浪漫主義成為顯學的原因，是他們的訴求也和民族主義者類似，主張重視個人情感，當然包括每個人對自己國家、民族的感情與認同。

就以哲學論點來說，德意志的叔本華和尼采也開啟「反啟蒙」的思想，懷疑理性具有的道德力量，批判理性主義的抽象性，揭示人的意志乃是行動的根源，人的生命充滿衝突、不可控制的偶然與鬥爭，是無法由理性主導的。

浪漫主義的影響力

浪漫主義是十九世紀的主流文化，再加上結合民族主義的熱情奔放，藝術家將對國家、民族、個人感情的愛與恨，抒發在自己的創作作品中。他們不再像十八世紀古典主義學派一樣，重視均衡與和諧，而是主張以新的技巧和題材來表達個人情感。

大約在一七七〇至一八二〇年間，德意志地區展開一場「狂飆突進」運動，德語作家用他們奔放的情感來表達對現實社會的不滿，反對階級偏見、反對封建社會、反對種種「不自然」的生活和過時的傳統見解，致力於爭取市民階級地位，要求國家的統一。不只是德意志人，英國作家拜倫即因深受希臘民族精神所感動，而投身希臘獨立運動；法國作家雨果的作品，展露他對國家與人的情感與愛，更是浪漫主義文學代表人物。而畫家德拉克瓦的作品不僅是自由宣言，更宣告了法蘭西民族的勇氣。

德意志的音樂藝術本來就相當盛行，在「狂飆突進」運動的鼓舞下，音樂家更讚揚青春的活力與熱情；前期以舒曼、蕭邦、舒伯特、李斯特為代表，後期以華格納、約翰·史特勞斯父子為代表。貝多芬則是之中公認的大師，成功銜接古典樂派與浪漫主義樂派，尤其是他晚年失聰後的作品，更完全是心靈最深處單純的情感表露。進入十九世紀晚期，受到民族主義興起的影響，民族音樂大盛，蕭邦、李斯特、德弗札克都是代表人物，音樂失去無國界的特色，轉為各國文化的另一重要表徵。

雨果像

貝多芬像

單位：年

西元	1832年	1833～1896年
地區	日本	瑞典
大事	浮世繪經典作品、葛飾北齋代表作《神奈川沖浪裏》完成時間。浮世繪是江戶幕府時代的繪畫主流。盛行於十七至十九世紀，一開始為手繪，後也出現可大量印刷的版畫，內容包含社會時事、民間傳說、政策宣導、廣告和新聞媒體。奇特且內斂的風格傳至歐洲後，啟發十九世紀的印象派大師馬奈、竇加、莫內、梵谷等畫家。	富翁諾貝爾生卒年。雖然是瑞典之光，但其實諾貝爾一生待在瑞典的時間極少，多在歐洲各國，如法國、義大利、俄羅斯四處漂流，加上他終身未婚、沒有子嗣，孑然一身，因此在世時就有「最富有的流浪漢」之稱。

⇧巴爾札克像

現實主義

儘管浪漫主義是十九世紀的顯學，還是無法解釋工業化帶給當代人龐大的生活壓力、機械式的工作、單調一致的市容，何來浪漫之有？因此到了中期，開始出現針對浪漫主義的反動：現實主義。他們重新呼籲理智的重要性，且和啟蒙時代相比，更重視科學的研究精神與實事求是的態度，企圖用更宏觀的角度，解決當時的社會問題。

法國文學家巴爾札克與福樓拜都是現實主義的代表人物，他們的作品尖銳抨擊現代生活的枯燥乏味，與人們對金錢、名利的貪得無厭，小說儘管背景都是光鮮亮麗的上流社會，但多涉及貧窮、疾病及酗酒等社會問題。同時代的英國，是創立大英帝國的維多利亞女王時代，卻也誕生了現實主義的代表作家「狄更斯」，他可說是下層人民的發言人，擅長以寫實手法，描寫工業社會下的各種災難，不過，狄更斯的小說千篇一律是大團圓的美好結局，說明了即使在這樣殘酷的社會，他對人性仍充滿信心。

俄羅斯的托爾斯泰、挪威的易卜生也都是現實主義代表作家，他們的作品都對以中產階級為主的現實社會，表達強力批判。不過，現實主義與其他學派相較下影響力不夠大，僅限於藝術層面，也許是因為它沒有提出解決辦法。真正不滿工業資本社會且提出改革方法的，是社會主義。

⇧狄更斯像

1835年 伊朗
英國人在伊朗發現上古兩河流域文明的楔形文字。

法國
世界上最早的通訊社，法國哈瓦斯通訊社成立，即日後法新社前身。通訊社是媒體輸出中心，它所採集到的新聞會普遍、同時供給予各種媒體平臺，一開始只有報紙，後來也加入廣播、電視、網路等。

1836年 法國
實證學家孔德首先提出「社會學」一詞。

1837年 英國
維多利亞女王登基。

美國
摩斯發明電磁式電報機。

1846年 美國
美國幾家報社合資成立通訊社，即日後美聯社前身。

1847年 伊拉克
英國考古學家奧斯丁亨利挖出亞述古城尼尼微。

社會主義：烏托邦的世界

資本主義雖然實現了產業革命，並大幅改變生產力方式，但隨之而來的是貧富兩極化的階級衝突，進而引發許多社會上的孤立、歧視、拜金，及伴隨出現的社會犯罪與社會問題等。

為了改善這些現象，出現一種新興的學說「社會主義」。從十六、十七紀的摩爾、康帕內拉開始，就不斷有人追尋一個平等的理想社會；進入十八、十九世紀，當時的社會主義學家，希望能建立一個生產和生活高度社會化，完全沒有資本主義弊端的理想世界，以法國人聖西門、傅立葉、白朗和英國人歐文為代表人物，他們的理論可統稱為「烏托邦社會主義」或「空想社會主義」，共同點為嚴格批判資本主義的禍害，如稱資本家對農民的圈地政策為「羊吃人」等；這其中，歐文一度建立了一個相當成功的合作社會。但這個學派的缺點是過於相信人性本善，忽略人性貪婪面這個養成資本主義的最主要原因，因而在當時無法引起多大重視。

但後世的社會學家仍沿襲此派幾個原則：（一）反對經濟上的自由競爭政策、（二）認為社會階級的存在主導歷史進展、（三）政府有義務解決人民的經濟問題及改善貧窮問題。他們仍然在尋求一個更美好、理想與公平的社會。

⇧歐文像

共產主義的興起：資本論

烏托邦社會主義解決不了資本主義帶來的社會問題，有些學者認為，社會問題既是資本主義造成的，就代表資本主義有其罪惡的一面，而烏托邦社會主義已證實自己太過溫和，是時候使出較激烈的手段消滅萬惡的資本家。

十九世紀中，流亡英國的猶太後裔馬克思出版《資本論》，替他口中的「無產階級」工人，勾勒出一條革命的道路，其主張如下：

- 經濟史觀：物質生產方式決定人類社會、政治和精神的特質。
- 階級鬥爭論：階級是人類社會組成要素，階級間的鬥爭是歷史發展的模式。
- 唯物辯證法：階級間的鬥爭和物質生產方式的發展，都須遵行一定的法則。
- 剩餘價值論：一切財富均為工人創造，工人的工資和定間的差額，就是資本家的不義之財。
- 社會主義進化論：人類終將進入由工人階級，藉由革命手段而取得專政的無國界共產主義世界。

其實馬克思的主張和烏托邦社會主義類似，皆相信制度的改變可以讓人民生活更進步；但同樣的，也忽略人性弱點，共產均分的制度下，將不再有人會為成就感付出勞力，而只會求基本的溫飽。

馬克思在世時，沒有一個國家推行他的理論，他的墓誌銘說，「哲學家只是用不同方式解釋世界，關鍵是改變世界。」恐怕連他自己都不知道多有道理，自他的理論轉為政治學說後，在十九世紀中後期開始於歐洲各國投下震撼彈；終至二十世紀初，於俄羅斯人列寧的手上開花結果，並在世界取得超過十億的「信徒」，正是這驚人數字，讓共產主義者更相信，馬克所說的「無產階級專政」之日不遠矣。

馬克斯像

單位：年

西元	地區	大事
1848年	英國	流亡英國的社會主義學家馬克思和恩格斯共同發表《共產宣言》，為其社會主義論點立下基礎。（詳一四六頁）
	法國	二月革命，引起歐洲各地的革命浪潮，奧地利首相梅特涅也因此去職。
1851年	英國	舉辦第一屆世界博覽會。
	英國	通訊社路透社成立。
	美國	《紐約時報》創刊。
1852年	美國	哈莉特·斯托夫人發表小說《湯姆叔叔的小屋》，在日後引爆反對黑奴制度的南北戰爭。

十九世紀的哲學發展

十九世紀後，哲學家研究的論點轉向人與社會這個「制度」的關係。以中產階級為例，重商的中產階級自然主張政府採自由放任經濟政策，但他們又無法接受貴族、地主階級仍不事生產，靠收租維生，希望政府能出手干預。

英國哲學家邊沁是中產階級最有影響力的辯護者之一，他所創立的「功利主義」就是為了解答中產階級矛盾心態而來。邊沁主張，每一種信仰或制度是否為人所需，主要是看是否能增進絕大多數人的最大幸福；如果不能，就不應該提倡；他認為人類基本上是自私自利之輩，只有滿足最多小我的需求，才有可能創造大我的幸福。功利主義以承認個人重要性聞名。與其想法相近的還有美國哲學家、教育學家杜威主張的實用主義。基本上，這派哲學家主張知識是改善人類生活的工具，而教育則是提高一個社會普遍水準的主要方法，他們認為討論宇宙虛無是無意義的，也反對宿命論。這兩個學派都對人類前途抱持樂觀想法，反對任何形式的教條主義，從這個角度來看，他們仍是自由主義的一分子。

與之相對的是黑格爾的唯心論和馬克思的唯物論，黑格爾認為，歷史的演進是由不斷地衝突、和解，而向完美境界前進，而最接近完美境界的種族，正是一路以來經過許多衝突的德意志人。馬克思受黑格爾影響，但他認為歷史演進的基本準則由經濟或物質決定。不過，這兩個論點的共通性是相信「法則」對歷史演進扮演的角色，為遵照這法則，他們均主張對社會、人群採取較嚴格的控制，和自由主義大異其趣。

1853～1856年 克里米亞

希臘獨立成功後，俄羅斯屢屢打著「民族自決」的旗幟，以斯拉夫族保護者自居，鼓動巴爾幹半島上的斯拉夫人起來推翻土耳其的統治，並要求接管巴勒斯坦聖地，以保護天主教徒。土耳其忍無可忍之下，於此年爆發克里米亞戰爭，參戰國另包括英國和法國。

日本

美國艦隊在船長佩里的帶領下，叩關日本，史稱「黑船來航」，結束江戶幕府兩百多年來的鎖國局面。

1854年 法國

《費加洛報》創刊。該報偏向右派政治，但最大特色是驚人的頁數，每日達一百頁，收入的百分之七十八來自廣告。

明治維新：日本脫亞入歐

自十七世紀以來，江戶幕府為防堵天主教傳入而一再推行鎖國政策，將日本與世界隔絕近兩百年，直到「黑船來航」，日本才確實感受到自己與世界脫節的嚴重性。武士問題日益嚴重下，日本人心思變，不由得將希望寄於能取代幕府的更高統治者，那早已無實權的天皇。

一八六八年，明治天皇在倒幕將軍的幫助下奪回權力，宣布廢除幕府。同年四月，明治天皇頒布《五條誓言》：（一）廣興會議，萬事決於公論、（二）公卿與武家同心、（三）文武百官以至庶民，各遂其志、（四）破除舊日陋習、（五）求知識於世界。以此為原則，天皇政府進一步廢除封建與階級制度，建立中央集權；擴建新式軍隊，實施徵兵制，運用「武士道」精神，建立只效忠於天皇的「皇軍」。並將國家體制改為君主立憲制，保留菊花王朝萬世一系的神話地位，中央設總理大臣。就在首任總理大臣伊藤博文的主持下，日本推行新法，保障人民在法律上的平等及信仰、言論、集會結社等基本自由；並大力推動工業建設，求以最快時間「脫亞入歐」，趕上歐美列強的腳步。

從舊式封建到全新現代化的國家，日本不用革命、不用武力，和平式的由上而下逐步改革，在世界史上可謂難得，而脫胎換骨的日本，磨刀霍霍，沒多久就拿鄰近大國，同樣實施鎖國令且仍不願改革的中國開刀，推行它的軍國主義與大日本政策。

畢德麥雅的生活方式

自文藝復興以來，近代歐洲文明的形成，皆是來自中產階級的呼聲。所謂的「中產階級」，指的是有別於傳承自父祖財富的貴族富有階級，他們的財富來源皆是自身努力與能力，並有一定專業與學識，如律師、商人、醫師及學者等。

中產階級對美及個人主義的要求，催生文藝復興；中產階級對自由思想的要求，啟動宗教改革；中產階級的好奇心，開始科學革命；向外探險的勇氣，是地理大發現的起因。其對政治制度的改革，最終在新大陸上開花結果，讓一個全新的國家獨立——美國。他們對人權的重視，對自由、平等、博愛的要求，引爆法國大革命，結束了中古時代。

城市生活日趨活絡後，中產階級所追求的自由、自治、平等觀念，成為當時社會的主流，強調個人有權利選擇最適合他、且認為最有價值的生活方式，市民應該共同參與並承擔公共事務，當然包括對領導者的選擇權利。

十八世紀的文學創作，主題就是圍繞著中產階級的食衣住行、生活態度、意識形態；進入十九世紀，沙龍、古典音樂、歌劇的流行，也都是配合中產階級的休閒活動，甚至出現一個專有名詞，代指這個富有品味、生活優渥，且有絕對政經影響力的階級：畢德麥雅。

至高無上的白人：達爾文進化論

十九世紀中後期，人類已經知道動物的遺傳與染色體有密切關係；尤其是英國科學家達爾文所發表的研究成果：《物種源始》，更讓遺傳學真正獲得突破性進展。

達爾文是在航行至南美洲的途中，仔細研究並蒐集各類植物、動物與岩石，回國後，在受到同時代馬爾薩斯「人口論」的影響下提出「進化論」，其認為所有物種都是由低等生物經長時間逐漸演化而成，在不同時期，會為了適應自然界的變化而演進，同時把這種演變傳給後代；生物在長期演變及成長的過程中，可歸納為生存競爭、優勝劣敗、用進廢退和適者生存等步驟，只有最能適應環境的物種才能生存下來，也就是「適者生存、不適者淘汰」。

達爾文不是第一個有這種想法的學者，但只有他能提出促進演化的方法，並用科學研究使人信服。根據達爾文的理論，人和世界上所有生物沒什麼兩樣，重挫了宗教神學權威，澈底否定物種不變的觀念，使「神創論」的基本信念產生動搖，許多保守知識分子也對之加以抨擊。

但至十九世紀末，西方因工業帶動的各項社會進步事實，而產生一種普遍心態，認為科學是促成這些進步的主要原因，達爾文的說法正支持了這種想法，能掌握進步科學的民族、國家，就有資格掌控世界，因為他們是適應變化後的「物種」。從這個論點出發，這些工業強國侵略、奪取他國資源也是理所當然的，其他種族對他們來說都是「白人的負擔」，他們當然有資格繼續殖民其他國家，將整個世界變成歐洲的戰場。

達爾文像

近代心理學家、精神分析學奠基者佛洛伊德生卒年。在世時就享有極高聲譽的佛洛伊德，幾乎終其一生都居住在維也納，直到晚年希特勒迫害猶太人，他才拖著八十二歲高齡的身體逃往倫敦，並在那終老。

新科技與新玩意：世界

工業革命帶人類進入以資本主義社會為主的新世界，為求生存、掌握競爭良機，刺激許多工業產品的研發，和對新事物的需求。世界瞬息萬變，許多新發明陸續誕生。

先是在十九世紀初，英國科學家法拉第發現電磁感應現象，為人類用電之始；之後，德意志人西門子研發第一部發電機，電力從此取代蒸汽成為新動力，人類進入電氣時代。美國發明大王愛迪生即成功運用電力，研發出電燈泡，讓人類工作的時間，不再受限於有太陽光照的白天。電磁感應也啟發通訊改革，美國人摩斯發明電磁式電報機，義大利人馬可尼發明無線電報裝置；最令人振奮的則是在美國波士頓教書的加拿大教授貝爾發明的電話，他成功的用這個小小的神奇裝置，撥了第一通電話給隔壁房間的助理，清楚說出：「華生，請你過來。」開啟人類的通訊時代。

⇧萊特兄弟像

⇧愛迪生像

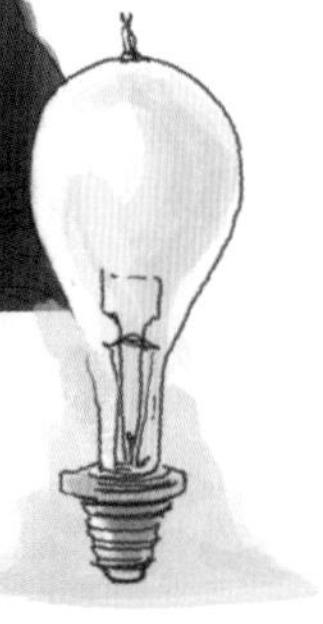

⇧電燈泡的發明大幅延長了人類的工作時間

1859年　英國

生物學家達爾文發表《物種源始》，提出「物競天擇」的進化論學說。達爾文原本學習神學與醫學，因崇拜普魯士博學家洪堡至南美洲學習繪製地圖，結果在航行途中觀察各個島嶼上的鳥類時，逐漸充實進化論學說。（詳一五一頁）

1859～1952年　美國

哲學家杜威出生。以推行全面實用教育體系聞名，同時也是實用主義代表人物；但世人所熟知的圖書館杜威分類法，並不是這個杜威的成就。

1860年　中南半島

法國學者在湄公河的森林中發現吳哥遺址。

1861年　美國

林肯當選美國總統，爆發南北戰爭。

1862年　德國

西門子製造出第一臺發電機。

在交通方面，德國機械工程師賓士．卡爾在十九世紀末製造出第一輛汽車；接著，工程師狄塞爾也成功改良柴油機，讓火車、輪船等大型運輸工具更為輕便，有更多空間作更有效率的使用。到了二十世紀初，一項劃時代的革命出現了，美國萊特兄弟成功製造出可在天上自由飛翔，且可載人的飛機。

這些驚人的發明承先啟後，鼓舞許多有心人士，也有更多國家投入獎勵發明的行列。但對這些改善人類生活的科學家來說，他們絕對沒有想到，自己的絕妙點子竟然會被有心人士利用，成為欺壓其他國家、種族，甚至是物種的理由。

⇨愛迪生於十九世紀後期發明的留聲機，可視為卡帶錄音機及影音光碟機的前身

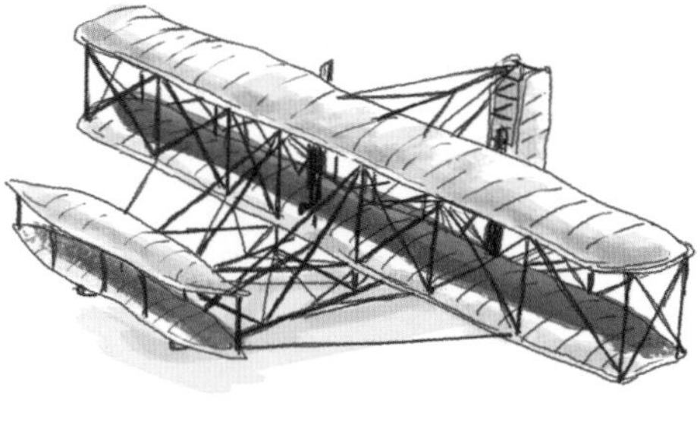

⇧萊特兄弟劃時代的發明——首架成功試飛的飛機

單位：年

西元	地區	大事
	俄羅斯	沙皇下令，廢除農奴制度。
1867年	歐洲	馬克思出版《資本論》，構成共產主義理論基礎。
	日本	「大政奉還」，結束江戶幕府的統治。
	歐洲	瑞典富翁諾貝爾改良硝化甘油，發明安全炸藥，是人類發展重工業的一大里程碑；之後更不斷改良，後人因此視他為「炸藥」的發明者。
1868年	日本	日本發起由天皇主導，推動西化的「明治維新」。（詳一四九頁）

新科技與新思想：中國

在西方工業革命開始以前，中國科技長期處於世界領先地位；不過，這個說法有失公允，因為這是在雙方未交流的前提下產生的假設。

歐洲宗教改革後，天主教的耶穌會為吸引更多信眾以和新教抗衡，而利用新興大航海知識，遠渡重洋至各地傳教，自然也來到了中國，如利瑪竇、湯若望及南懷瑾等人。時值明末清初，一方面明末數學成就低落，早已有改曆的需求；一方面明清對抗時極缺繪製地圖的人材，也都希望研發更具殺傷力的武器，因此雙方對傳教士帶來的新科技與新玩意都大感興趣。但是傳教士終究是為傳播宗教思想而來，他們對科學新知了解有限，且囿於教會思想，也不贊成某些新興學說，如哥白尼地動說；總之，這些傳教士對當時華人的科技觀念並沒有帶來翻天覆地的改變。至清世宗雍正即位後，更因禁教而採閉關政策，完全切斷中國與外界的聯繫。

此後又經過了一百年左右，西學才再次來華。但就在這一百年間，西方世界經歷科學革命、啟蒙運動、法國大革命與工業革命，已不可同日而語，他們來華的目的也不再是傳教與交流，而是征服與殖民，但中國這邊卻完全沒有變化與進步。直至十九世紀英法聯軍之役後，清廷才有改革之心，但也僅局限於武器、兵學，不求治本，自然收不到成效；甲午戰爭後，連日本都打敗中國，有識之志於是呼籲從制度面改革，但總是得不到朝廷支持，讓中國翻身的機會，隨著一場又一場的戰爭、一次又一次的割地與賠款，而顯得更加不可行。

⇧利瑪竇像

1876年

美國

加拿大科學家貝爾在美國波士頓發明電話。貝爾的母親、妻子皆是聽障人士，但他發現用一定頻率和方式與母親說話時，母親可以聽到，因此認定聽障非音量問題，而是音頻問題，繼而在之後發明電話。就在貝爾為電話申請專利後的一小時，另一個科學家格雷也提出一樣的申請，但為時已晚，世人公認電話是貝爾的發明。

1877年

美國

相對於《紐約時報》的世界觀角度，比較偏向政府立場的《華盛頓郵報》創刊。

1879年

德國

德意志哲學家馮特在萊比錫創辦第一個心理研究室，否定數千年來將心理學視為神學與哲學一部分的看法。

⇧清雍正皇帝下令禁止傳教士來華，並採取鎖國政策，切斷所有對外聯繫

⇧儘管一連串對外戰爭失敗，仍未讓清廷覺醒，從制度面澈底改革

單位：年

西元	地區	大事
1871年	德國	在普魯士的帶領下，德國統一。
1879～1955年	德國	猶太裔科學家愛因斯坦於今德國生卒年。愛因斯坦是繼牛頓最偉大的科學家，其提出的相對論是現代物理學的支柱，也因為現代科技的發達，愛因斯坦的腦袋被後人廣泛研究，後世提到高智商的人時常與他相比，儼然成為高智商的評判標準。
1880年	美國	愛迪生發明電燈。
1884年	德國	歐洲各國召開柏林會議，大獵非洲。
1885年	德國	卡爾·賓士發明汽車。

單位：年

西元	地區	大事
1893年	紐西蘭	紐西蘭通過女性投票權，是世界首例。
1894年	義大利	馬可尼發明無線電報裝置。
	法國	在《震旦報》、《正義報》不懈的調查與介入下，法國政府終為遭誣陷的猶太軍官德雷福平反。
1895年	法國	盧米埃兄弟在巴黎大咖啡館（Grand Cafe）的地下室，放映他們拍攝的多部短片，內容都是一些記錄現實生活的片段，被視為電影產業的開始。
1896年	希臘	第一屆現代奧運在希臘雅典舉辦，只有十三個國家、二百五十八名男性運動員參加。（詳一六〇頁）

英國

《每日電訊報》創刊，該報是二戰時，第一個報導德軍以閃電戰入侵法國的媒體。

1889年

法國

各國勞工聚集巴黎召開會議，通過五月一日為勞動節。

美國

《華爾街時報》創刊，兩位創報人同時也是道瓊工業指數資訊中心的創辦人。

1889～1977年

英國

喜劇大師卓別林生卒年。卓別林是默劇電影的代表人物，直到今日仍被公認為最偉大的喜劇演員。

1890年

美國

一名印地安領袖在達科塔保留區遭白人警察殺害，引起鄰近印地安人反抗，南達科塔保留區一名蘇族男子因此殺害另一名白人軍官，卻讓該族一百五十名男女皆遭滅殺。從此，印地安人深知再沒有力量反抗白人，面對白人的入侵態度轉為消極。

美國

紐約一位名叫阿道夫·奧克斯的印刷工人，以七萬美元買下瀕臨倒閉的《紐約時報》，以辦報方針：「一切刊登的新聞，皆應是適合刊登的。」為原則，讓其起死回生。

1898年

法國

旅居法國的波蘭科學家居禮夫婦發現放射性元素「鐳」，對後世放射學產生重大影響，改變人們對物質的傳統觀念，證明原子並非永遠不變，一個元素可轉為另一個元素。

現代史

現代民主國家裡，議會與政府的關係可區分為內閣制與總統制。「議會」指的是群體的政治參與模式，代表人民意志的機構，存在目的以貫徹人民意志為主。總統制主張行政、立法應完全獨立，且均由人民選出，互相制衡。國會有權提出法案，總統有權否決法案；總統有權任命政府官員，國會也有對等權利否決任命案。

二十世紀以後，報紙扮演的是揭發、監督，或傳達民眾意見的重要角色；廣播、電視發明後，報業失去大眾傳播的唯一主流地位。

二戰時期，廣播成為各國報導戰爭情況的最重要工具，也是政府領導者發表演說的重要媒介。廣播不受時間、空間與地點限制的優勢，讓它歷不久衰。但二十世紀中後期，大部分的娛樂生活轉為一個更直接、重要的媒介——電視。

在近代更有通訊方式的變革「網際網路」，影響人與人之間資訊傳播的方式，也影響購物模式、商務貿易模式，是個人最主要的娛樂生活來源。

單位：年

西元	地區	大事
1900年	德國	心理學家佛洛伊德發表《夢的解析》。
	法國	第二屆現代奧運在巴黎舉辦，增設女子比賽項目，如高爾夫球和網球。
1901年	瑞典	第一屆諾貝爾獎選在諾貝爾逝世日的十二月十日於瑞典頒發，從此成為定制。（詳一六二頁）
1901～1971年	美國	爵士樂代表、流行歌手路易·阿姆斯壯生卒年。
1903年	美國	萊特兄弟發明第一架飛機「飛行者一號」。
	美國	報業鉅子普立茲捐二百萬元於哥倫比亞大學以開辦新聞學院與「普立茲獎」，日後成為美國新聞從業人員最高榮譽。

聖火精神：奧運

希臘傳說，大力士海力克斯與伊利斯（Elis）城邦國王打賭贏了，國王卻不願意履行承諾贈送他三百頭牛，於是海力克斯在奧林匹亞替自己舉行運動會慶祝，邀請諸神參與。後世史家考證，西元前七七六年，伊利斯的確與斯巴達簽訂和平停戰條約，並舉辦一場以帶來和平與友誼的運動會取代戰事，從此，四年一次的奧林匹克運動會就是古希臘人的重要傳統，直到西元四世紀，被當時的統治者羅馬皇帝取消為止。

⇧現代奧運五環標誌

一八五九年，希臘人恢復舉辦奧運的傳統，但並沒有引起多大注意。到十九世紀後期，一來地球村漸漸成形，二來世界局勢動盪不安，法國男爵古柏丁於是倡議讓世界共同舉辦奧運會，以傳達和平思想。在他努力不懈的奔走下，最終仿效古代奧運以「城市」為主辦單位的傳統，重新在希臘首都雅典展開現代奧運，且增加許多比賽項目。除了頌揚運動家精神外，奧運極為尊重傳統，所以每一百年都要回雅典舉辦一次；而且不管在哪裡舉辦，第一個進場的一定是希臘代表團，開幕式升的旗也是奧運會旗、舉辦國國旗和希臘國旗；最後一個進場的則是當屆主辦國。

法國

居禮夫人因發現並提煉出鐳，而成為史上第一位得到諾貝爾物理獎的女性科學家。

1905～1980年 **法國**

哲學家沙特出生。其提出的存在主義，成為二戰後極為盛行的哲學思潮，旨在追求個人在社會中生存的價值；一九六〇年代左右，沙特開始歌頌職業革命家的合法性，並表示學生運動將是未來不可避免的一股趨勢。沙特曾獲得諾貝爾文學獎，但他無法苟同發明炸藥的諾貝爾，因此成為史上第一位拒絕領獎的得獎人。

1906年 **美國**

科學家費森首次以廣播方式，轉播歌曲及音樂節目。

1911年 **南極**

挪威人阿曼森成功征服南極。

另外，希臘人相信普羅米修斯從上帝那偷火給人類，為了躲避上帝取火回去，人類一個接一個將火傳下去，即為聖火由來，古代奧運舉行前，會有三名經過嚴格挑選、血統純正的希臘運動員，在宙斯神殿的聖火壇前接過火炬，並以跑步方式傳遍希臘。現在奧運維持這項傳統，只是將範圍擴及全世界，並藉由船、飛機等科技輔佐，讓世人看見聖火代表的和平精神，傳遍世界每個角落。

⇨古柏丁男爵像

單位：年

西元	地區	大事
1911年	美國	原在東岸的電影產業業者看中西岸洛杉磯具有多種地形，且永遠陽光普照、取景方便，而在此開設第一間電影公司「內斯特」，之後將重心轉移至洛杉磯內名為「好萊塢」的小鎮。
	法國	居禮夫人再獲諾貝爾化學獎，同樣是史上第一位女性化學獎得主，也是第一位兩座諾貝爾獎得主。
1914～1918年	歐洲	第一次世界大戰爆發。
1915年	美國	爵士樂隊成立，首次出現後來成為一種音樂風格的「爵士」二字。
1916年	德國	猶太裔科學家愛因斯坦發表《相對論》。

世界大同的理想：諾貝爾獎

瑞典富翁諾貝爾，生前以掌握安全炸藥的技術而聞名於世；生後則以捐出鉅額遺產，成立諾貝爾獎而永垂不朽。

從一艘船開啟他的事業，諾貝爾的企業版圖橫跨二十一個國家，全盛時期擁有九十餘座大型工廠，在各國競相發展重工業的年代，諾貝爾掌握製作炸藥的先機，研發出更快、更安全、更有效率的爆破方式，並擁有其他近三百五十項發明的專利；這些因素都是讓他富甲一方的原因，因此他過世的遺囑也早就是各方注意的焦點。而讓眾人訝異又敬佩不已的是，無妻無子的諾貝爾表明他欲將遺產捐給全世界，以作為全人類的科學、文學與和平事業的獎勵基金，發揚他和平主義與人道精神的理想。基金的利息以獎金形式每年分成五份，賦予前一年最增進全人類利益的人，項目則包括物理、化學、生理／醫學、文學及和平獎，得獎人不限國籍、種族與性別，而除了和平獎在挪威頒發外，其餘盡在瑞典頒發。

百年來，諾貝爾獎評選委員恪守發明家本人心願，以「最高水準」與「具理想主義傾向」為得獎標準，不但是瑞典之光，也是世界上公認最公平、公正、地位最高、影響最大，同時也是獎金數最多的獎項，約有一百萬美金。能夠得到這個獎，是科學家、文學家與政治人物的終身最高榮譽，從獲獎那一刻起，就注定會是全世界的焦點。就這個角度來看，沒有一個企業家或發明家的貢獻可以超越諾貝爾。

⇩諾貝爾像

新科學：心理學

和絕大部分的學科一樣，心理學長時間歸類於哲學的範疇，過去稱為「靈魂學」。古希臘的泰勒斯、柏拉圖都主張人有靈魂，且靈魂不滅；降生時，若能回憶起過去的靈魂，就能回復記憶。這些關於「靈魂」的敘述，就是早期心理學的基礎。

亞里斯多德像

亞里斯多德的《論靈魂》則是西方最早關於心理學的文獻，他提出知與意的二分法，認為人除了可見的身體機能活動外，也有不可見的欲望行為。但到了中古世紀，這些對人的意念研究，統統歸入神學範圍，難有發展。直到十七世紀，科學革命的研究方法才擴及到心理學，德意志哲學家康德認為人的心理分為知、情、意三種功能。十九世紀，因為解剖學的進步，醫生開始對人類的大腦和無形的行為感到好奇，心理學才漸漸脫離哲學範圍，成了醫學的一部分，甚至被視為社會學的一部分。二十世紀以後，心理學的成長突飛猛進，最有名的例子就是精神分析法的創立者佛洛伊德，他以一個醫生的角度，看出人性與現實的衝突，主張人的「潛意識」是一種無所覺的心理歷程，是每個人格的主宰，也是精神疾病的病因，他以長期和病人的談話、行為的觀察中累積的大量知識來印證，主張透過夢的解釋，能發現人心中被抑制的欲望，而想進入夢的世界的方法，則可依靠催眠、對話或自由聯想等，且所有與心理相關的疾病，最終都會表現在對「性」的態度與方法上。

沒有一個心理學家，或可說任何人，像佛洛伊德一樣這麼重視關於性的一切，因此他的學說引起很多爭議，甚至到今日還未消弭。但不能否認的是，佛洛伊德是第一個讓心理學完全獨立於其他學科的代表人物，在很多時候，他就是心理學的同義詞，之後的心理學大師如皮亞傑、榮格，或多或少都有受到他的影響。

單位：年

西元	地區	大事
1917年	俄羅斯	末代沙皇尼古拉二世退位，羅曼諾夫王朝及俄國帝制結束。
1918年	英國	婦女獲得投票權。
1920年	比利時	第七屆現代奧運在安特衛普舉辦，首次採用奧運五環旗。
	美國	美國以廣播方式播報總統大選結果，引起轟動。
1922年	法國	成立巴黎廣播電臺。
1924年	土耳其	凱末爾取消哈里發繼承制度。
	法國	第八屆現代奧運在巴黎舉辦，首次沿襲古代奧運傳統點燃聖火。
	法國	冬季奧運會開辦。

當代政治體制：內閣制

現代民主國家裡，議會與政府的關係可區分為內閣制與總統制。「議會」，或稱國會、眾議院或立法院等，指的是群體的政治參與模式。而何謂群體？簡單說就是代表人民意志的機構，存在目的以貫徹人民意志為主。

內閣制的定義即為「政府來自議會，並對其負責」。一般認為，內閣制的始祖是英國，十四世紀左右，英國出現上下兩院，上議院由貴族世襲，下議院則開放民選，之後隨著時代演變，上議院漸漸成為虛位席次，政事全由下議院決策，而在下議院裡占多數黨的黨魁，即為負責政府行政事務的首相，他必須秉持民意施政，且代表人民與王室取得共識，以確保國家政事的進行，他既是民意機構所選，也是行政機構首長，王室則是制衡他的超然力量。因此，內閣制比較適合有王室的國家，現今日本也採內閣制。

內閣制的缺點就是如果國會裡小黨林立，各黨派意見紛陳，將很難產生一個占多數意見的首相，面臨無法施政的窘境。但另一方面，內閣首長全訴諸民意選出，的確較能落實民主，一般認為也比較能防堵獨裁政權，因此西方世界中的德國、紐西蘭和澳洲等國都採內閣，由於這些國家沒有王室，所以通常還會有個虛位的總統，來制衡首相。

1927年 英國
將廣播公司BBC收歸國營。直到現在，BBC的節目都不安插任何商業廣告，是一大特色。

1929年 美國
紐約華爾街股票崩盤，引發世界性的經濟大恐慌。

美國
大眾電影最高榮譽，奧斯卡金像獎開辦。

英國
通過平等選舉法，二十歲以上男女皆可投票。

1932年 義大利
威尼斯開辦年度影展，最大獎為金獅獎。

1935年 伊朗
波斯將國名改為「伊朗」。

1935～1977年 美國
搖滾樂代表、流行歌手艾維斯．普萊斯利「貓王」生卒年。

當代政治體制：總統制

對某些國家來說，王室的存在是阻礙國家進步的原因，人民應該有權利完全對自己的國家作主；有這樣想法的國家就比較適合總統制。例如原為英國殖民地的美國，就是總統制國家的代表。

總統制主張行政、立法應完全獨立，且均由人民選出，互相制衡。國會有權提出法案，總統有權否決法案；總統有權任命政府官員，國會也有對等權利否決任命案。由此即可看出，國會與總統的關係，是總統制能否順利推行的重點，若是朝小野大，政府很多政策將難以推行，反之則陷入朝大野小，國會議會實無發聲的著力點，很多民意或許就無法貫徹執行。

由於總統制要考慮的不確定因素實在太多，目前採取這個制度的國家並不多，除了美國以外，就是受美國影響極深的拉丁美洲各國了，但這些國家的民主素養和政治穩定度沒有美國高，的確很容易陷入軍人專政、國事不穩的惡性循環。

世界上還有一種國家，不願把權力統統交給總統，又無法全然信任折衷出來的內閣制，因此他們採行「半總統制」，總統和國會獨立由人民選出，但總統不必負施政責任，他會任命行政院長或總理來統籌一切，而行政院長或總理必須進國會接受備詢，對人民負責。臺灣、芬蘭和意見向來很多的法國，就是採用這種方式。

單位：年

西元	地區	大事
1936年	德國	第十一屆現代奧運在柏林舉辦，首次於世界各地傳遞聖火，最後一棒由柏林運動員於主會場點燃，至閉幕時熄滅。
	英國	開始定期播出黑白電視節目。
1938年	奧地利	希特勒入侵奧地利維也納，美國哥倫比亞廣播公司直接在當地聯播，向歐美各國傳達戰爭情況。
1939～1945年	全球	第二次世界大戰爆發。
	美國	影史紀錄最賣座電影（含通貨膨脹），美國片《亂世佳人》上映。
1946年	美國	世界上第一臺電子電腦誕生。

為大眾喉舌：報紙

西方世界的第一份報紙，出現在羅馬共和時代，當時政府每天都會用手抄寫執政官凱撒的命令、裁決，以讓民眾傳閱。文藝復興與地理大發現後，這個產業又重新復甦，一方面是因為印刷術的發達、教育的日漸普及，另一方面也是因應民眾對未知世界的諸多想像與好奇心。

十七紀初，對報業的需求增加，各方面的發展條件也都越來越成熟，今比利時安特衛普因此出現第一份印刷報紙，之後不到二十年，德意志地區、法國及英國等印刷業興盛的地區，都有代表性報紙；甚至到了一六九〇年，英國遠在新大陸的殖民地也有了自己的報紙，這份報紙一日四版，前三版為新聞，最後一版為空白頁，好讓讀者寫下心得，或提供更多新聞；至十八世紀初，報紙除了傳播新聞外，多了另一個重要的功能：評論時事，著名小說《魯賓遜漂流記》的作者丹尼爾．笛福，就是世界上最早的社論主筆者之一。整個十八、十九世紀，報業最繁華的地方為工業最強盛的英國，二十世紀以後，這項優勢自然轉移至美國手上，且隨著讀者自身素質的提升，報紙扮演的角色越來越嚴肅與正經，近代許多重大國際事件，都可看到各國報紙在之中所扮演的揭發、監督，或傳達民眾意見的重要角色。

廣播、電視發明後，報業失去大眾傳播的唯一主流地位，但其對新聞事件的專業度評論是電視無法取代的，而且報紙還有一個優勢，它可以隨時將新聞帶著走。但隨著二〇〇七年智慧型手機研發上市後，這個「可帶著走」的機動性功能也隨之消失，讓現今的報業面臨極為嚴峻的考驗。

人人平等，機會均等：義務教育

中產階級之所以能從文藝復興後，逐漸成為歐洲社會的主流階級，很重要的原因就在於他們打破教會壟斷教育的特權，取得對知識的掌控力。科學革命與工業革命後，知識進一步普及，教育由少數人的權利演變為多數人的責任，進一步發展成為一個社會或國家文明的指標。

進入十七世紀，英人洛克著《教育漫話》，提出詳細「紳士」教育體制，闡明教育資產階級的方法、內容等；法國也在同時通過大量開辦各地學校的法令。十八世紀中，德意志的邦國普魯士，在腓特烈大帝的帶領下，成為歐洲第一個推行義務教育的地區，按規定，十三至十五歲的孩童都必須入學就讀。到了十九世紀，推行義務教育在歐洲各國已成為普遍共識，由此出現許多針對該體制改革的教育人士，普魯士人洪堡首創大學目的為從事教學及科學研究的理念，打下日後德國在世界工業長期保持領先的基礎。

二十世紀最重要的美國教育哲學家杜威，主張社會本位教育，致力於結合社會與學習，希望學校負有社會功能，並能改造社會。至此，先進國家推行高等教育已成為普遍共識，二戰後，這些國家出現一個新興階級，優秀、有想法、無家累且不須工作的高知識分子：大學生。傳統政府安撫人民的方法，對這些大學生來說都是騙局，因此引爆一九六〇、一九七〇年代風起雲湧的學生運動。

單位：年

西元	地區	大事
1946年	法國	坎城開辦年度影展，最大獎為金棕櫚獎。
1948年	中東	以色列建國。
1948年	南非	南非總理以保護境內白人為由，推行種族隔離政策。
1951年	德國	柏林開辦年度影展，最大獎為金熊獎，和威尼斯、坎城並列世界三大藝術片影展。
1954年	美國	美國研發彩色電視。

⇧邱吉爾像

通訊方式的變革：廣播與電視

十九世紀後期，因為無線電波的進展，帶動各國研發無線廣播事業。跟報業相比，廣播因為能掌握、傳達發聲者的情緒，影響更為直接，也更能傳播至中下層民眾。第一個由國家主導發展的廣播事業是美國，之後，法國、英國也隨之於二十世紀初期發展；不過，美國廣播大多純為娛樂的大眾文化，歐洲各國卻相當注重其政令宣導、新聞評論等功能，由此可看出兩地特色。

二戰時期，廣播成為各國報導戰爭情況的重要工具，也是政府領導人發表演說的重要媒介，希特勒就是靠廣播傳達他驚人的演說魅力，以吸收納粹黨徒；英國國王喬治六世也是用廣播的力量安定人心，宣布對德作戰，即電影《王者之聲》的背景；首相邱吉爾也多次以廣播鼓舞前線士兵；法國被德國入侵後，戴高樂也是靠廣播不斷與法國人對話，宣導他們不要放棄、堅持抵抗；經濟大恐慌時，美國總統羅斯福更是靠「爐邊談話」穩定局勢，帶領全國人民走出不景氣的陰霾。

廣播不受時間、空間與地點限制的優勢，讓它歷不久衰。但二十世紀中後期，大部人的娛樂生活轉為一個更直接、重要的媒介：電視。能在這個小小箱子播放的節目，充滿更多聲光魅力，且範圍更廣，娛樂、政治、教育及廣告等無所不包。進入彩色電視的時代後，更迅速促進不同地區文化與資訊交流；但從某個角度來說，它也主宰世界上絕大多數人的思想方式，將我們如同生產線上的產品一樣變得制式化了。

⇨希特勒像

1957年

英國

在國內各大報如《泰晤士報》、《衛報》的連番抨擊下，英國首相終因蘇伊士運河危機事件去職。

1960年

義大利

殘障奧運會開辦。

美國

美國總統大選辯論首次舉行電視轉播，全國民眾皆看見年輕、英挺、口才便給的甘迺迪，對上老態龍鍾的尼克森。這次大選由甘迺迪獲勝，也讓電視轉播成為一門新興學問。

通訊方式的變革：網際網路

電腦的出現也許改變世界，但如果沒有網際網路，這個發明不會對我們的生活方式產生這麼大的影響力。

電腦剛開始是為了軍事目的而研發，且是一個占地達一百七十平方公尺以上的龐然大物，需要一百千瓦電力支援。為了能更快傳輸資料，及更有效、更安全的儲存資料，美國軍方開始研發一種能將各臺電腦連接起來的技術，將這些資料收在同一個「網」（Net）內；以這個為出發點的研究，終發展成今日通用的「網際網路」（Internet）。

由於電腦這個硬體的穩定性與便利性，帶動民間企業投入，讓電腦越來越小臺、方便攜帶、價格平實。而電腦的主要功能：計算、文書處理、遊戲及傳播，都連帶使人類對網際網路的需求大增，大學、官方機構都紛紛引入這種傳播、儲存資料的方法。至二〇〇九年，全球網際網路用戶已超過十億，這種傳播方式的特色為呈流動而非固定狀態，且沒有距離遠近之分，能夠無限制擴展，具有立即處理的能力，還能一再解構與重製；除了影響人與人之間資訊傳播的方式，也影響購物及商務貿易模式，是個人最主要的娛樂生活來源，甚至還能改變國與國之間往返的模式。

但由於網際網路有對話機制，能讓人沉溺其中，自以為沒有孤寂感，反而加劇隨之而來的人際疏離，加上暴力、色情傳播容易，及病毒、駭客攻擊，都是現代人要面對的全新課題。

大眾文化：流行音樂與電影

二次大戰結束後，世界主要先進國家的階級制再次式微，讓大眾文化應運而起；而在這些國家之中，美國因為是新興國家，沒有歐洲傳統且精緻的文化包袱，而以滿足大眾需求的娛樂文化為代表，再加上它掌握大部分傳播方式，更讓大眾文化成為二十世紀的主流。

大眾文化在各個層面中以音樂的表現最為突出，其中又以爵士樂和搖滾樂為代表。爵士樂是發源於美國南方紐奧良一帶的黑人音樂，以歐洲樂器演奏，相當具有節奏感，一九二〇年代是為高峰期。搖滾樂則誕生在一九五〇年代，也是從美國發端，融合黑人的節奏韻律與白人的鄉村西部音樂，特點包括強烈的節拍、複雜的和聲、旋律等，配合一九六〇年代風起雲湧的學生運動，轉變為年輕人抒發時政、表達意見的一種方式，成為青少年文化主流，至今不輟。

但說到最成功的美國文化，一般人先想到的還是好萊塢電影。儘管電影由法國人發明，且二十世紀初，英、法、瑞典、義大利等國都已出現相當傑出的電影人，和蔚為經典的作品，但歐洲電影仍難脫學院派風格，直到一九三〇年代後，電影才在美國的手上，發展成為一種極為迷人、有趣、通俗，且能帶來極高獲利的文化產業，甚至在某些程度上，幫美國達到「全球美國化」的目標。

電腦與網路的出現，大大改變了人類的生活方式

網路示意圖、個人電腦、ISP、路由器、核心巨型計算機、衛星、海底光纜、巨型計算機、路由器、個人電腦

單位：年

西元	地區	大事
	英國	搖滾樂英國代表「披頭四」成軍。
1964年	中東	「巴勒斯坦解放組織」成立。
1968年	美國	民權領袖馬丁・路德・金遭暗殺身亡，引發國內非裔民族大暴動。
	全球	捷克、美國、法國、日本皆爆發學運。
	墨西哥	第十九屆現代奧運在墨西哥市舉辦，創下一個有趣紀錄：有史以來海拔最高的奧運舉辦城市。
	瑞典	瑞典銀行決定增設諾貝爾經濟學獎。
1969年	中東	阿拉法特出任「巴勒斯坦解放組織」領袖。

單位：年

西元	地區	大事
1981年	美國	美國公司IBM研發出世界上第一臺「個人電腦」。
1984年	美國	第二十三屆現代奧運在洛杉磯舉辦，蘇聯率領共產國家群起抵制。儘管如此，這屆奧運首次由民間舉辦，且是第一個讓主辦城市賺到錢的奧運會，其創立的經營模式，吸引更多城市投入爭取奧運主辦權。
1986年	蘇聯	車諾比（今屬烏克蘭）核電廠發生大爆炸，全城宛若死城，至今尚未恢復，對當地動植物及生態的影響更是難以衡量。
1990年	德國	東西德再度統一。
	南非	戴克拉克當選總統，宣布釋放民權領袖曼德拉，並廢除種族隔離政策。

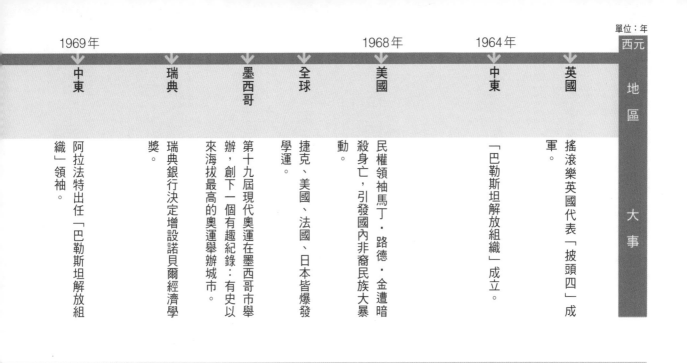

美國
美國研發出第一套網路系統，但僅限美國軍方使用。

1972年
德國
第二十屆現代奧運在慕尼黑舉辦，巴基斯坦解放組織闖入暗殺十一名以色列運動員，震驚世界。

美國
在《華盛頓郵報》的追蹤報導下，總統尼克森因水門案辭職下臺。

1973年
沙烏地阿拉伯
政府接下更換「卡爾白大院」絲絨帷幕的重責大任。

1978年
義大利
《快報》揭發總理與黑手黨醜聞，迫使政府改選。

1980年
蘇聯
第二十二屆現代奧運在莫斯科舉辦，以美國為首的西方世界群起抵制。

1993年
中東
阿拉法特和以色列總理拉賓，在美國華盛頓確認以巴之間的相互承認。

1996年
英國
首隻複製羊桃莉誕生。

2000年
俄羅斯
俄羅斯以法條形式，確認「雙頭鷹」為國徽。

2007年
美國
智慧型手機問世。

MEMO

MEMO

國家圖書館出版品預行編目（CIP）資料

彩圖易讀版世界文化史年表／漢宇歷史編輯部編.
-- 初版. -- 新北市 : 漢宇國際文化, 2018.08
面；公分

ISBN 978-986-228-426-1（平裝）

1.文明史　2.世界史　3.年表

713.02　107010787

彩圖易讀版世界文化史年表

編　　者：漢宇歷史編輯部
繪　　者：鍾　翟

主　　編：余素維
責任編輯：劉姍珊
特約編輯：袁若喬
校　　對：李光欣、劉姍珊、陳映勳
內文設計：李雅玲
封面設計：陳香郿

法律顧問：建業法律事務所
張少騰律師
台北市110信義區信義路五段7號
62樓（台北101大樓）
電話：886-2-8101-1973
法律顧問：徐立信律師

出 版 者：漢宇國際文化有限公司
地　　址：新北市235中和區建一路176號12樓之1
電　　話：886-2-2226-3070
傳　　真：886-2-2269-0198

總 經 銷：昶景國際文化有限公司
地　　址：新北市236土城區民族街11號3樓
電　　話：886-2-2269-6367
傳　　真：886-2-2269-0299
E-mail：service@168books.com.tw
歡迎優秀出版社加入總經銷行列

初版一刷：2018年8月
定　　價：依封底定價為準

香港總經銷：和平圖書有限公司
地　　址：香港柴灣嘉業街12號百樂門大廈17樓
電　　話：852-2804-6687
傳　　真：852-2804-6409

168閱讀網
www.168books.com.tw